AF390993

DROIT ROMAIN

INTRODUCTION..

Je ne connais pas dans l'antiquité de plus triste institution que l'esclavage : des pages éloquentes, des livres palpitants d'intérêt ont été écrits sur cette plaie des sociétés anciennes, qui, grâces à Dieu, tend chaque jour davantage à disparaître de nos mœurs. Il y aurait bien des choses curieuses à dire sur la condition des esclaves, sur le traitement qu'ils subissaient, les travaux qu'ils devaient exécuter, les peines que leur réservait la cruauté des maîtres, les adoucissements que les mœurs introduisirent petit à petit dans leur état ; mais c'est là une face du sujet que je dois laisser de côté. Envisagée à ce point de vue, l'étude de l'esclavage antique appartient à l'historien ou à l'économiste ; pour moi, c'est la condition civile, et non ce que je serais tenté d'appeler la condition domestique, de l'esclave que je dois étudier. La partie vraiment dramatique, vraiment émouvante de la question échappe donc à ma compétence : il me faudra détourner mes regards de ce spectacle saisissant pour me placer à un point de vue plus abstrait, mais non moins intéressant, et rechercher la condition civile des esclaves.

Qu'est-ce que l'esclavage ; quels individus appartiennent à la classe des esclaves ; quelle est leur capacité devant la loi civile ou politique ; comment arrivent-ils à sortir de cette triste condition pour naître à une vie nouvelle ; ce passage est-il brusque, s'accomplit-il d'un seul bond, ou bien ne s'opère-t-il que petit à petit, insensiblement, à travers diverses phases successives ; cette tache primitive se lave-t-elle complétement, ou bien en reste-t-il toujours une marque, plus ou moins prononcée, au front de celui qui en a été une fois souillé : voilà les questions infinies que je rencontrerai sur mon passage et que je tâcherai de résoudre à mesure qu'elles se présenteront.

CHAPITRE PREMIER.

NATURE ET SOURCES DE L'ESCLAVAGE.

Il faut rendre cette justice aux jurisconsultes romains qu'ils ne s'aveuglaient pas sur le véritable caractère de l'esclavage, et qu'ils reconnaissaient fort bien ce qu'il a de contraire au droit pur, de contraire à la nature. C'est une institution contre nature, disent-ils, qui soumet un homme à la puissance d'un autre homme. Mais ils ont soin d'ajouter que c'est un progrès du droit des gens sur l'état des choses primitif : à l'origine, on mettait à mort l'ennemi qui s'était laissé prendre (1); peu à peu, on s'habitua à l'épargner, à le conserver (*servare, servus*), et à le réduire simplement en esclavage, en lui laissant la vie sauve. C'était donc un progrès sur la barbarie primitive, progrès bien incomplet sans doute, qui outrageait encore la nature, mais progrès cependant, qui substituait à un mal immense un mal un peu moins considérable.

Parmi les esclaves il faut bien distinguer ceux qui le sont de naissance et ceux qui, nés libres, ne le deviennent que par un fait postérieur.

§ I. Esclaves de naissance.

Ce sont ceux qui naissent d'une femme esclave. Peu importe la condition du père ; car ce n'est que pour les enfants conçus en légitime mariage qu'il y a lieu de la considérer, et pour les esclaves le mariage n'existe pas. Quant à la condition de la mère, en vertu des principes généraux, c'est au moment de la naissance qu'on la considère : si donc, libre au moment de la conception, elle est esclave lors de l'accouchement, l'enfant sera réduit en

---

(1) Cruauté gratuite, car le droit de légitime défense excuse seul la mort et admet l'ennemi captif; il ne s'agit plus de légitime défense. Ceci me rappelle ces beaux vers de l'Arioste, ch. 54, st. 8, v. 2 :

> . . . . In qual Scizia s'intende
> Ch'uccider si debba un, poi ch'egli è preso,
> Che rende l'arme, e piu non si difende?

servitude; réciproquement l'enfant conçu par une esclave sera libre si la mère a été émancipée pendant sa grossesse.

Voilà les principes de la matière ; mais il s'en faut bien qu'ils aient toujours été appliqués : diverses lois y dérogèrent, soit en faveur de la liberté, soit à son préjudice.

En faveur de la liberté, on arriva petit à petit à décider que, pourvu que la mère eût été libre à un moment quelconque de la grossesse, l'enfant naîtrait libre, alors même que la mère, esclave lors de la conception, serait redevenue esclave à l'époque de la naissance : *media tempora libertati prodesse, non nocere etiam possunt*. dit Paul, *Sent.* II t. 24, § 3.

En sens contraire, un certain sc. Claudien décida que la femme libre qui vivait maritalement avec un esclave, pouvait convenir avec le maître que, bien qu'elle restât libre, les enfants naîtraient esclaves. Mais Adrien abrogea cette convention, aussi contraire à la morale qu'aux principes généraux du droit. *Gaïus* § 84.

Une loi dont le nom est effacé dans le manuscrit de Gaïus, § 85, avait décidé que, lorsqu'une femme libre épouserait par erreur un esclave, les enfants mâles suivraient la condition du père, et les filles, celle de la mère. Ici encore on revint aux principes, et Vespasien décida que tous les enfants suivraient indifféremment la condition de la mère : on sacrifiait ainsi l'humanité à la logique, et, pour ma part, si j'avais dû modifier la loi, j'aurais tenu compte de l'erreur du père, en déclarant libres les enfants de l'un et de l'autre sexe.

Cette même loi, *Gaïus* 86, dispose que la femme libre qui vit sciemment avec un esclave, enfante des esclaves, disposition contraire, non seulement au droit des gens, mais encore à ce que Gaïus dit au § 84. Pour concilier cette apparente contradiction, il faut se reporter aux derniers mots du § 86 qui nous montrent qu'il s'agit là d'une loi locale, qui a survécu à l'abolition du s. c. Claudien, et qui ne reçoit d'application que dans la province pour laquelle elle a été édictée.

§ 2. *Esclavage résultant d'un fait postérieur à la naissance.*

A. *Prisonniers de guerre.* En vertu du droit des gens, quiconque tombe entre les mains de l'ennemi est réduit en esclavage : il serait même plus juste de dire avec la loi 5 *De Capt. et Postl.*, quiconque tombe entre les mains d'une nation étrangère non alliée, *si cum gente aliqua neque amicitiam neque hospitium, neque fœdus amicitiæ causa factum habemus.* On peut donc devenir esclave quand on est pris en temps de paix. Mais il faut pour cela qu'on soit pris par une nation étrangère ; ceux qui sont faits prisonniers dans une guerre civile, ou qui sont enlevés par des brigands ou des pirates, ne deviennent pas esclaves ; ils sont simplement en servitude.

B. *Indignes.*

En principe, la liberté était inaliénable, et la loi considérait comme non avenue toute convention par laquelle on disposait, soit de sa propre liberté, soit de celle d'autrui. Cependant, si la liberté n'était pas dans le commerce, la loi pouvait, à titre de peine, la retirer à qui se montrait indigne ou incapable de la conserver ; de là une aliénation indirecte résultant de la volonté de la loi, plus que de l'intention des parties.

1° Ainsi la loi des Douze-Tables déclare esclaves les *incensi*, ceux qui ne se faisaient pas porter au cens, pour se soustraire à l'obligation du service militaire, *de re milit.* L. 4, § 10. En pareil cas, l'État vendait le réfractaire, mais la loi exigeait qu'on le fît vendre à l'étranger, *trans Tiberim*, et elle ne permettait pas qu'il devînt l'esclave d'un citoyen.

2° Une autre disposition de la loi des Douze-Tables autorisait le créancier à tuer ou vendre le débiteur qui ne s'était pas acquitté dans les soixante jours de l'*addictio*. Ici encore, et pour la même raison, la vente devait avoir lieu *trans Tiberim*. Ce mode a également disparu à l'époque classique, quand l'exécution sur les biens eut supplanté l'exécution sur la personne. (Loi Petilia).

3° Suivant la huitième Table, le voleur manifeste devenait également esclave de la personne volée ; cependant, d'après Gaïus,

III, 189, il y aurait eu quelques difficultés à cet égard. En tout cas, sous Justinien, il n'est plus question de cette peine.

4º Sous l'empire, diverses lois s'occupèrent de protéger les patrons contre l'ingratitude de leurs affranchis : en dernier lieu, Commode décida qu'en cas de manquement grave de la part de l'affranchi, l'autorité serait chargée de le vendre et de remettre le prix au patron, et plus tard on finit par le replacer tout simplement sous l'autorité de son ancien maître, l. 6. *De agn. lib.*, l. 2, C. *de lib.*

5º Enfin, pour réprimer une fraude assez fréquente à ce qu'il paraît, le préteur décida que l'homme libre, âgé de plus de 20 ans, qui se laisserait vendre à un acheteur de bonne foi deviendrait réellement esclave. D'après le principe de l'inaliénabilité de la liberté, une pareille vente était nulle : aussi arrivait-il souvent qu'un homme libre, se faisant passer pour esclave, se laissait vendre par un complice, dans le but de partager avec lui le prix du marché; puis, une fois maître de l'argent, il protestait contre la validité de cette aliénation, que le juge était effectivement obligé d'annuler.

Pour remédier à cet abus, un sénatus-consulte, sans doute le Sc. Claudien (1), décida que désormais celui qui se prêterait à pareille fraude, resterait bel et bien esclave, en dépit du principe. Mais, pour user de cette rigueur, il exigeait la réunion de diverses conditions : 1º L'homme vendu devait connaître sa qualité d'homme libre; il fallait, en un mot, qu'il y eût fraude de sa part ; 2º Il fallait qu'il eût plus de vingt ans; 3º L'acheteur devait ignorer la qualité de celui qui se vendait, ou, en d'autres termes, être de bonne foi : (2, 4º Le prix devait avoir été payé.

6º Le même sénatusconsulte Claudien réduisait en esclavage la femme libre, citoyenne ou Latine, qui entretenait sciemment des relations avec l'esclave d'autrui, contre le gré du maître. Paul, *Sent.* II, 21 a. Pour qu'elle encourût cette déchéance il fallait qu'elle persévérât en dépit de trois avertissements (*denun-*

(1) Voir la rubrique de la l. 3. (40-13).

(2) Mais si l'acheteur de mauvaise foi a revendu l'esclave à un tiers qui ignore la fraude, la vente est maintenue, L 23, *de liberali causa.*

tiones) du maître, de son tuteur ou de son représentant, quel qu'il fût. Quand ces dénonciations restaient sans effet, le préteur rendait un décret par lequel il adjugeait la femme coupable au maître de l'esclave ; quand il s'agissait de l'esclave d'une cité, les dénonciations n'étaient pas exigées, parce qu'il n'y avait personne pour les faire. Si la femme est fille de famille, le sénatus-consulte ne s'applique pas, parce qu'elle ne peut rendre pire la condition de son père : il en serait autrement si celui-ci avait consenti à la liaison. Si c'est une affranchie, les mêmes raisons veulent qu'elle retombe sous la puissance de son patron; mais la loi ajoute cette aggravation que jamais elle ne pourra devenir citoyenne. Si la coupable est mère ou patronne du maître de l'esclave, le respect dû par le fils ou l'affranchi ne permettra pas d'appliquer les rigoureuses dispositions du sénatusconsulte.

7° Enfin un dernier cas d'esclavage, c'est l'esclavage de la peine, résultant de la condamnation à la mort, *ad metallum* ou *ad opus metalli*. Les individus condamnés à l'une de ces peines devenaient *servi pœnæ* au moment même du prononcé du jugement ; ils étaient esclaves sans maître, car la peine qu'ils étaient censés servir, ne formait qu'un maître imaginaire ; de là résultait qu'ils étaient incapables de rien acquérir. — Justinien abolit l'esclavage de la peine. (*De pœnis*,.

CHAPITRE II.

CONDITION DES ESCLAVES.

L'esclave en droit Romain n'est pas une personne capable d'exercer des droits, *caput nullum habet*; c'est une chose, un objet de commerce que l'homme libre achète pour son usage et revend quand il n'en veut plus. *Non tam viles quam nulli sunt*, disent les textes; les jurisconsultes l'appellent *res*, chose et prennent ce mot tellement au sérieux qu'ils font de la créature de Dieu une vile marchandise soumise à toutes les transactions dont sont susceptibles les denrées et autres objets commerciaux. Il peut donc faire l'objet d'un contrat ou d'un testament, et s'il est attaché à un fonds, il passe de main en main comme le fonds lui-même dont il subit le sort. La prescription s'applique à lui comme aux meubles, pourvu qu'il ne soit pas volé ni fugitif. Une fois placé à ce point de vue, il est inutile de se demander quelle est la capacité de l'esclave : autant vaudrait rechercher la capacité d'un cheval ou d'une maison. L'esclave est donc entièrement incapable : pour lui, pas de droit à exercer, pas de propriété à acquérir, pas d'obligation à acquitter ; tous les actes de la loi civile lui sont interdits. Il peut faire l'objet d'un droit ; en exercer un à son profit, jamais.

Tel est le principe fondamental de la matière ; dans l'application nous trouvons cependant de graves et nombreuses exceptions, que la nécessité des circonstances a obligé d'admettre.

Le mariage, exclusivement réservé aux citoyens romains, n'existait pas, on le conçoit, au profit des esclaves (1). Cependant on avait fini par attacher certains effets civils au commerce des esclaves entre eux ou avec des personnes ingénues ; il y avait même un terme juridique pour l'exprimer ; c'était le mot *contubernium*, et les textes nous montrent plus d'un point de ressemblance entre les effets du *contubernium* et ceux des *justæ nuptiæ*. Ainsi le respect que l'enfant doit à ses parents, est dû même par l'esclave à sa mère, du moins lorsqu'il y a eu affranchissement, car jusque-là le droit du patron absorbant tous les autres, on ne trouverait guère d'application à l'obligation du fils, l 1, § 1. *De obs. par.* En vertu de ce principe, l'enfant affranchi ne pourra pas traîner en justice la mère qui l'aura conçu esclave. L. 4, § 3. *De in jus voc.* ; pour les causes d'empêchement au mariage, et même, depuis Justinien, pour la succession des affranchis, on tiendra compte des liens de parenté formés dans l'esclavage, des *serviles cognationes*. L. 14, § 2, *De Rit. Nupt.*, Iust. I, X, 10 ; III, VI, 10 ; en matière d'affranchissements, les *serviles cognationes* pouvaient fournir une juste cause dans les cas où la loi exigeait la *causæ probatio*. Gaïus I, 39. Mais on n'était pas allé jusqu'à reconnaître la possibilité de l'adultère, L. 23 C., *ad L. Jul. de adult.* Malgré cela on voit qu'en ce qui concerne les relations de famille, le principe de l'incapa—

---

(1) Paul, sent. II, 19, 6.

cité, de la nullité absolue de l'esclave avait subi de graves atteintes; nous allons trouver également de nombreuses et importantes exceptions à ce principe dans son application aux droits privés proprement dits.

L'esclave, avons-nous dit, est la chose du maître, qui peut exercer sur lui les mêmes droits que sur tous ses autres biens, en faire ce qu'il veut. — Cependant comme la nature ne permet jamais qu'on l'outrage trop longtemps, cette entière assimilation de l'esclave à une chose ne put pas se maintenir dans la pratique, et, de concession en concession, on arriva à réduire singulièrement la puissance du maître, sans cependant reconnaître à l'esclave une capacité incompatible avec la nature de sa position. Ainsi Quintilien nous apprend que déjà sous la république les tribuns intervenaient pour **réprimer les excès de cruauté des maîtres;** les censeurs, pour y voir une cause d'infamie. Une Loi Petronia, dont il est difficile de préciser la date, mais qui certainement n'est pas postérieure au règne de Titus (1), enlève au maître le droit d'employer ses esclaves dans les combats de bêtes féroces; ce n'est que sur l'ordre d'un magistrat spécial, le *præfectus juridicundo*, qu'ils peuvent y être contraints par suite de certains délits. Claude (2) punit de la même peine que le meurtrier d'un homme libre, le maître qui tue son esclave malade, pour n'avoir pas à le soigner. — Adrien enlève aux maîtres, pour le transférer aux tribunaux le droit de vie et de mort sur les esclaves (3), et Ulpien nous apprend que le même Empereur condamna à la rélégation pour cinq ans une femme qui s'était montrée trop sévère pour ses esclaves — Antonin le Pieux va encore plus loin. Celui qui tuera son esclave sans motif légitime et avec intention, sera soumis aux dispositions de la loi Cornelia *de Sicariis* (4), et puni comme s'il avait tué l'esclave d'autrui. Si, sans être arrivée à cette limite extrème, la cruauté du maître a été insupportable, Antonin décide que l'autorité fera vendre l'esclave à

(1) *Præfectus juridicundo lege Petronia,* porte une inscription découverte à Pompéies.

(2) Suétone, Claude, 25.

(3) Spartianus, **Hadr.** 18.

(4) Paul, Sent. V. 23.

de bonnes conditions, et remettre le prix au maître exproprié (1).
— C'était peu de restreindre l'autorité du maître sur l'esclave tant que durait cette autorité, on en vint jusqu'à restreindre son droit de disposition, comme nous le verrons en parlant plus tard des lois *Ælia Sentia*, *Julia Norbana* et *Furia Caninia*; ce n'est pas ici le lieu de nous occuper de ces dispositions, aussi défavorables aux esclaves qu'aux maîtres.

Du reste, comme le remarque fort bien Puchta, toutes ces limitations de la puissance dominicale ne donnent pas à l'esclave la capacité qui lui manque : des motifs politiques, des raisons d'économie sociale ou d'humanité ont fait mettre des limites au droit de jouissance ou de disposition du maître; mais l'incapacité de l'esclave n'en reste pas moins pleine et entière. Des restrictions analogues se retrouvent pour toutes les autres propriétés, objets animés ou autres, sans qu'il faille en induire une capacité incompatible avec la nature même des choses. Ainsi, en dépit de toutes ces lois nouvelles, l'esclave est et reste la propriété de son maître, à qui profitent tous ses actes, toutes ses acquisitions, et à l'encontre de qui il ne peut rien faire, rien acquérir, rien posséder.

Ceci nous amène à nous demander si et quand l'esclave peut rendre la condition de son maître meilleure ou pire.

SECTION I.

L'esclave peut-il rendre meilleure la condition de son maître ?

Notre réponse est, *Oui*.

L'esclave est une sorte d'instrument que le maître emploie pour ses affaires; il le fait profiter des fruits de son travail et le représente comme mandataire vis-à-vis des tiers. Représentant de son maître, il peut faire tous les actes dont celui-ci est capable, sauf à ne pas en retirer de bénéfice. Il n'y avait d'exception que pour la *cessio in jure*, dans laquelle la rigueur du formalisme primitif n'admettait que l'intervention du véritable

____
(1) Gaïus, I, § 3.

propriétaire, de celui-là seul qui pouvait prétendre qu'une chose fût sienne ; mais cette exception avait naturellement disparu avec la *cessio in jure*, à l'époque de Justinien.

L'esclave ne peut avoir aucune propriété personnelle : tout ce qu'il acquiert par tradition, par stipulation, par testament ou par n'importe quel mode, revient de droit à son maître, qui l'acquiert à son insu et même contre son gré, *ignorantibus et invitis*, Inst. II, IX, 3 ; L. 62. D. *de verb. oblig.* (1). — Ce dernier point n'est pas vrai quand il s'agit de succession : en pareil cas, il faut à l'esclave un ordre spécial du maître. L'acceptation pouvant avoir des conséquences ruineuses et entraîner l'obligation d'acquitter des dettes supérieures à l'actif de la succession, l'esclave, qui, nous le verrons bientôt, ne peut empirer la condition de son maître, doit naturellement se faire autoriser par lui à un acte d'une telle gravité. Au contraire, cette autorisation n'est plus nécessaire quand il s'agit de legs, qui n'obligent jamais au-delà de l'émolument.

Ainsi, pour revenir à notre principe, l'esclave est incapable d'acquérir aucun droit ; c'est le maître qui profite du bénéfice de tous les actes qu'il accomplit ; même après l'affranchissement, il ne peut se prévaloir de droits antérieurement acquis. Cette règle si importante n'est cependant formulée nulle part en termes exprès ; mais elle résulte bien clairement d'une foule de textes, et notamment de la L. 7, § 18, *de Pactis,* qui dit formellement, *quoniam non solet ei prodesse si quid in servitute egit, post libertatem.*

Si générale que soit cette règle, on trouve pourtant trois cas où l'esclave acquiert pour son propre compte une véritable créance.

1° Quand l'esclave est affranchi par *fidéicommis.* Il peut alors à l'aide d'une *cognitio extraordinaria*, faire obliger l'héritier à l'affranchir directement, ou, s'il se trouve en puissance d'un tiers, le faire contraindre à le racheter d'abord et à procéder ensuite à son affranchissement, Inst. II, 24; 12, Ulp., *Fragments* XXV, § 12, 18 ; Dig., *de fid. libert.*

---

(1) *Quod servo meo promisisti, meum est* Plaute, *Rudens*, V. III, v. 1289.

2° Quand, pour faire une libéralité à son esclave le maître se constitue son débiteur et manifeste l'intention de ne pas se prévaloir de l'acquisition par lui faite ; mais ici, remarquons-le bien, contrairement au cas précédent, il n'y a qu'une obligation naturelle et pas d'action civile. — On aurait pu être tenté d'annuler une pareille convention, en se fondant sur l'incapacité de l'esclave qui ne peut rien acquérir, combinée avec l'impossibilité pour le maître de concentrer en sa personne la double qualité de créancier et de débiteur. J'avoue que pour ma part, c'est là ce que j'aurais décidé si les textes, sans poser formellement la règle contraire, ne nous en offraient deux applications remarquables, en présence desquelles le doute n'est plus possible. En effet, nous voyons que, lorsqu'il s'agissait d'évaluer le pécule, on mettait en compte les créances et les dettes réciproques du maître et de l'esclave, pour ajouter à l'actif les dettes de l'un, en déduire celles de l'autre, et l'estimer finalement comme si les unes et les autres avaient été légalement acquittées, L. 49, § 2, *de Peculio*, L. 3, § 2, *de statulib*. — Une autre application se présente après l'affranchissement : si l'ancien maître acquittait sa dette envers l'esclave, il n'y avait pas lieu à la *condictio indebiti*, L. 64 *de cond. indeb.*, alors même qu'il eût payé par erreur. Pas de doute possible à cet égard. La vente seule, suivant Savigny, ne pourrait jamais avoir lieu entre maître et esclave. J'avoue qu'il m'est impossible de comprendre les motifs qu'il invoque à l'appui de son opinion : qu'importe que nul ne puisse se vendre à soi-même et acheter sa propre chose ? Du moment qu'on admet qu'il peut y avoir des obligations entre maître et esclave, il est évident que le lien qui les unit l'un à l'autre, peut se relâcher, que le maître peut, par sa volonté, renoncer à cette puissance absorbante par laquelle la personnalité de l'esclave se trouve confondue dans la sienne ; dès lors on ne peut pas dire qu'en vendant à son esclave, le maître achète sa propre chose ou se vend à lui-même. Les textes dont se prévaut Savigny, L. 16 *de contr. Empt.*, L. 45 *de Reg. Jus.*, L. 10 C., *de dist. pign.*, sont étrangers à la matière, et la L. 11. § 8, *De Inst. act.* est là pour démontrer en termes formels la fausseté de cette opinion.

3° Il y avait enfin certains droits anomaux, d'une nature toute spéciale, que l'esclave acquérait en propre sans que le maître en profitât, au moins directement. C'étaient ces droits qui ont pour but moins de procurer au créancier une certaine fortune, une valeur commerciale appréciable dont il pourra faire bon ou mauvais usage, que de lui fournir sa subsistance et de lui assurer la vie matérielle, droits tout à fait personnels, qui ne sont pas dans le commerce, qui n'entrent même pas dans le patrimoine, variables comme les besoins de l'homme et s'éteignant avec lui. Ce sont, pour les préciser, les dettes alimentaires, le droit d'habitation, les *operæ*, tous droits *quæ naturalem præstationem habere intelliguntur*, comme dit la L. 8 de *Cap. dim.*, ou *quæ in facto potius quam in jure consistunt*, aux termes de la L. 10. C'est donc pour lui personnellement, et non pour son maître que l'esclave recueille un legs d'aliments ; c'est à lui que profitera le droit d'habitation ou d'*operæ* qui lui aura été concédé Sans doute, en définitive, le maître en profitera, puisque l'esclave sera logé et nourri aux frais d'autrui; mais notre distinction n'en a pas moins son importance, car c'est d'après les besoins de l'esclave que se mesureront les aliments ou le logement; c'est tant qu'il vivra que ces droits subsisteront, sans qu'il y ait à tenir compte de la vie ni des besoins du maître. Et d'ailleurs, si nous supposons un esclave *sine domino* ou l'esclave de la peine, alors notre distinction prend une véritable importance: d'après les règles ordinaires, l'incapacité de l'esclave produirait la nullité du droit; ici, au contraire, il est capable et apte à profiter pleinement du droit auquel il est appelé, L. 6, L. 15, § 1, L. 17, *De Alim.*, L. 3, pr, et § 1, *De his quæ pro non scriptis*, L. 10 de *cap. dim.*, L. 10, pr. *De usu*.

A ces exceptions près, l'esclave ne peut rien avoir de propre; c'est son maître qui profite de toutes ses acquisitions. Ce n'est pas seulement la propriété que l'esclave acquiert pour lui, c'est encore la possession, la possession avec tous les avantages qui en découlent : interdits, usucapion, etc. Cependant comme la possession se compose de deux éléments, la détention physique et l'intention, et que cette dernière est purement personnelle, l'esclave ne peut pas posséder contre le gré ou à l'insu du maître. Nous trouverons cependant une exception pour la possession des choses qui ont rapport au pécule.

De même que le fils de famille à l'égard de son père, l'esclave faisait profiter son maître de toutes ses stipulations. Mais il y avait entre eux cette immense différence que le fils de famille, quoique n'ayant pas de patrimoine, avait une capacité personnelle qui n'attendait qu'un objet, qu'une fortune sur qui s'exercer, L. 39. *De oblig. et act.*, tandis que l'esclave manquait à la fois et de patrimoine et de capacité, *Caput nullum habet*. Aussi la règle de l'incapacité du fils de famille avait-elle subi de graves atteintes, lorsqu'il stipulait un fait personnel ou quand il traitait de son pécule *castrans* ou *quasi-castrans*. Pour l'esclave, au contraire, la règle était inflexible, à tel point point, que s'il était *derelictus*, il ne pouvait faire absolument aucune stipulation, parce qu'il n'y avait pas de personne capable à qui on pût le rattacher. C'est par erreur que M. de Savigny dit le contraire à la page 403, t. II; car il le reconnaît formellement plus haut, p. 31, en s'appuyant sur le texte si clair de la L. 36 *De stip. Ser.* — Cependant par une faveur, spéciale, on avait permis à l'esclave d'une corporation, d'un fou, d'un sourd ou d'un muet de stipuler, bien que son maître ne pût pas recourir à ce mode de contracter. Par la même faveur, on accordait la stipulation à l'esclave d'une hérédité jacente. Mais au nom de qui devait-il le faire, au nom du défunt ou en celui de l'héritier futur? La question avait été fort controversée, et nous trouvons encore au Digeste(1) des traces nombreuses de ce conflit d'opinions; mais l'opinion consacrée par la majorité des auteurs semble être que la stipulation peut se faire au nom du futur héritier, et que la validité en est soumise à la condition de l'acceptation, L. 18, § 2 : c'était déroger à la règle générale « hæreditas personæ vicem sustinet, non hæredis futuri, sed defuncti, » dérogation dont je ne saisis guère le motif, Inst. II, 14, § 2, III, 17, pr. — Toutefois, comme l'usufruit est un droit essentiellement lié à la personne, on ne permettait pas à l'esclave d'une hérédité de stipuler un droit d'usufruit, L. 26 *de stip. serv.*; mais le legs d'usufruit fait au même esclave était parfaitement valable, parce que le droit ne s'ouvrait qu'après l'adition, alors que la personne de l'héri-

(1) L. 33 et 28 *in fine. De stip. serv. Contra* L. 16. L. 18, § 2.

tier était déjà déterminée, L. 26; Fragm. Vatic., § 55 et 56.

L'esclave acquérait pour son maître même l'action d'injures. L'injure était-elle directement dirigée contre le maître, celui-ci avait naturellement l'action de son propre chef. L. 15, § 34 et suiv., *De injur.* Si, au contraire, ce n'est que contre l'esclave qu'elle a été dirigée, il semble qu'il n'y ait pas lieu à l'action, l'esclave n'ayant pas de droit dans lequel il puisse être lésé. Cependant, on avait fini par admettre que, du moins, pour les mauvais traitements corporels, l'action compéterait ; car, disent les textes, *Hanc enim et servum sentire palam est ;* mais alors, elle n'appartient au maître qu'en tant que détenteur de l'esclave, qui l'emporte avec lui quand il passe en d'autres mains, et peut même l'exercer personnellement s'il vient à être affranchi, Paul, II, t. 26, 6.

Quand l'esclave appartenait en commun à plusieurs maîtres, on décidait, en principe, que tous profiteraient de ses acquisitions. Mais dans quelle proportion, à raison de leur droit de propriété ou par parts viriles? Je trouve sur ce point un texte assez subtil de Pomponius L. 57, *De stip. serv.* ; mais je crois qu'il ne faut pas s'y arrêter, et qu'il vaut mieux, avec la loi 7, la loi 45, *De acq. rer. dom.*, et le § 75, *fragm. vatic.*, décider que c'est proportionnellement à sa part de propriété que chacun des maîtres profite des acquisitions de l'esclave. Mais si la stipulation ou l'acquisition n'avait lieu qu'au nom ou sur l'ordre d'un seul ou de plusieurs des maîtres, ceux-là seuls qui auraient été désignés ou qui lui auraient donné l'ordre en profiteraient. Il en serait de même si, par la nature des choses, la stipulation ou l'acquisition ne pouvait profiter qu'à tel ou tel des associés, par exemple, si l'un d'eux était déjà propriétaire de l'objet stipulé, si le fonds dans l'intérêt duquel une servitude était stipulée n'appartenait qu'à l'un d'eux. On aurait pu croire que, dans ces cas et autres semblables, la stipulation ne profite à celui des maîtres à l'égard de qui elle est valable, que pour moitié ou pour un tiers, suivant les cas. Mais la loi 1, § 4, a soin de nous dire que c'est pour le tout, que l'esclave commun *duorum servorum personam sustinet,* et que, dans l'espèce, on le traite comme s'il n'appartenait qu'à l'un de ses maîtres. Il en sera entbre ainsi quand l'esclave commun stipulera d'un de ses maîtres au profit de l'autre : c'est ce dernier qui retirera seul tout le fruit de la stipulation, loi 7, § 1 ; l. 8, § 2, *De accept.*

Quand l'esclave fait un contrat *ex re* de l'un de ses maîtres, tous deux en profitent proportionnellement à leur droit de pro priété. Loi 27 et 28, § 1 ; mais celui dont la chose a fait l'objet du contrat, pourra, par l'action *communi dividundo*, se faire restituer la part que l'autre aura indûment acquise, Loi 45 *De acq. rer. dom.*

Dans l'ancien droit, les acquisitions et stipulations de l'esclave revenaient à celui qui l'avait *in bonis*, et non au maître *ex jure quiritium.*

Quand la propriété de l'esclave se trouve éparpillée entre les mains d'un nu-propriétaire et celles d'un usufruitier, qui est-ce qui jouira de ses acquisitions, Paul. V, 7, § 3? Il faut distinguer : A l'usufruitier, pour tout ce que l'esclave acquiert par son travail, *ex operis suis*, ou à propos de la chose que l'usufruitier l'a chargé de faire valoir, *ex re ejus*; au vrai propriétaire, pour tout le reste.

C'est donc au nu-propriétaire que reviennent les successions laissées à l'esclave, les donations qu'il reçoit, les stipulations qu'il fait à l'occasion de toute chose n'appartenant pas à l'usufruitier. Toutefois avec le temps, cette règle perdit quelque chose de sa rigueur : on s'habitua à rechercher surtout l'intention des parties, et on décida que le legs, la donation, la stipulation profiteraient au nu-propriétaire ou à l'usufruitier, suivant que ce serait l'un ou l'autre que le testateur, le donateur ou le promettant aurait eu en vue, l. 21 et 22 *de usuf.*, l.19, *de acq. rer. dom.* Cette règle présentera parfois de grandes difficultés : l'usufruitier, nous l'avons dit, ne profite que des acquisitions faites par l'esclave *ex re sua* ou *ex operis ejus*; toute acquisition qui ne rentre pas dans cette double catégorie, doit donc revenir au nu-propriétaire. De là cette conséquence que l'esclave usufructuaire peut stipuler dans l'intérêt du nu-propriétaire, même *ex re fructuarii*, tandis qu'il ne peut stipuler pour l'usufruitier, *ex re domini.* Dans le premier cas, il est bien vrai que, d'après les principes, le profit devrait revenir à l'usufruitier; mais comme on ne peut stipuler sa propre chose, la stipulation dont il ne saurait recueillir les fruits, va servir au nu-propriétaire, au nu-propriétaire qui a droit de bénéficier de tous les actes de l'esclave, sauf ceux dont l'usufruitier a le profit. Dans le second cas, au contraire, la stipulation, nulle à l'égard du nu-propriétaire, ne rentre pas dans la classe de celles dont l'usufruitier peut se prévaloir: dès lors elle est nulle de tout point, aussi bien à l'égard de l'un qu'à l'égard de l'autre. C'est là ce que décide, sans en donner les motifs, la 1. 25, § 3, *de usuf.* Cependant, comme il n'était pas juste que l'usufruitier se trouvât ainsi dépouillé au profit du nu-propriétaire par l'esclave qui devait lui consacrer tous ses travaux et faire valoir sa chose, Pomponius lui accordait un recours et lui permettant d'exercer la « *condictio* » L. 39. *De stip. serv.*

Souvent il ne sera pas possible de déterminer dès l'origine du contrat, à qui il profitera, du nu-propriétaire ou de l'usufruitier. Ainsi quand l'esclave engage ses services à un tiers pour un certain nombre d'années et que, pendant la durée de ce loyer, l'usufruit vient à cesser, le prix se répartit entre le nu-propriétaire et l'usufruitier, proportionnellement au nombre d'années que le droit de celui-ci aura duré, L. 18, 33, *De stip. serv*

S'il y a deux usufruitiers, ils profiteront des stipulations et acquisitions de l'esclave au prorata de leur part d'usufruit, à moins que l'esclave n'ait agi que par ordre ou dans l'intérêt d'un seul, ou bien que l'acte ne puisse pas, par la nature des choses, leur profiter à tous deux, L. 33. La stipulation ou l'acquisition qu'il aura faite à l'occasion d'une chose commune, doit profiter aux deux usufruitiers; et si, par hasard, il avait stipulé pour l'un d'eux seulement, l'autre pourrait au moyen de l'action « *communi dividundo* » obtenir la part dont il aurait été indûment privé, L. 32; car ni l'esclave ni le co-usufruitier n'a le droit de disposer sans son consentement de la chose commune.

Si, au contraire, c'est avec la chose propre de l'un d'eux que l'acquisition ou la stipulation a eu lieu, cet acte leur profitera-t-il à tous deux, comme nous l'avons décidé à propos du conflit soulevé entre deux propriétaires ? Non, dit formellement Paul, L. 27, *De stip. serv.*, et c'est aussi l'avis d'Ulpien, L. 23, § 43 *De acq. rer. dom.* et de Scævola, L. 19 *De stip. serv.*, à propos de la possession de bonne foi qui, nous le verrons, est régie par les mêmes principes. Cependant, Ulpien, dont je viens d'invoquer l'autorité, propose quelque part une distinction qui atténue singulièrement la portée de sa décision. Aux termes de la L. 25, § 6, *De usuf..* la stipulation ou l'acquisition ne profitera à l'un des usufruitiers que lorsque l'esclave l'a nominativement désigné ou quand il n'a agi que par ordre de celui-là seul. Dans le cas contraire, l'usufruitier à qui la chose appartient, ne devrait bénéficier de l'acte de l'esclave que dans la mesure de son droit d'usufruit, le reste revenant, non à l'autre usufruitier, mais au nu-propriétaire. Je crois que c'est là une distinction bi en difficile à justifier : du moment qu'il s'agit d'une stipulation faite *ex re fructuarii*, le nu-propriétaire se trouve hors de cause ; sans doute, on peut dire qu'à lui reviennent toutes les acquisitions dont ne peut jouir l'usufruitier, mais dans l'espèce n'y a-t-il pas au moins un usufruitier qui puisse les recueillir, et cela ne suffit-il pas pour exclure tout concours de nu propriétaire? Je crois donc cette distinction peu satisfaisante, et je suis d'autant plus à l'aise pour blâmer Ulpien, que lui-même semble avoir reconnu son tort en renonçant à són opinion dans la L. 23, § 3, *De acq. rer. dom.*, où il se rallie franchement à Paul et à Scævola.

Quant à la raison de distinguer entre le conflit de deux usufruitiers et celui de deux co—propriétaires, je dois avouer qu'il m'a été impossible de la découvrir. Néanmoins, je ne puis qu'applaudir à cette décision, d'autant plus que l'opinion contraire nous eût, à l'aide d'un détour, amené en définitive au même résultat: au moment du partage, il aurait toujours fallu tenir compte à l'un des usufruitiers du profit que l'autre aurait indûment retiré de sa chose. Au point de vue de la logique, il faut sans doute regretter cette antinomie ; mais s'il fallait sacrifier l'une de ces deux décisions, ce serait certainement la seconde dont nous demanderions le maintien.

Ainsi, pour nous résumer, la stipulation ou l'acquisition que l'esclave aura faite avec la chose d'un seul des usufruitiers ne profitera qu'à celui-ci, et ne se partagera pas entre eux comme c'est l'usage entre co—propriétaires.

Il n'en est pas de même quand l'esclave acquiert ou stipule *ex operis suis* au profit de tel ou tel des usufruitiers. l. 24. Celui-ci n'en bénéficiera que dans la mesure de son droit d'usufruit, et c'est toute justice : l'esclave est tenu de travailler pour tous deux, et il ne doit pas lui être loisible d'avantager l'un d'eux à l'aide de son travail qui est leur propriété commune ; c'est une hypothèse très-différente de la précédente.

Supposons l'esclave soumis à un droit d'usage: comme l'usager ne peut pas le louer, il n'a droit qu'aux acquisitions que l'esclave ferait *ex re ejus*, non à celles qu'il ferait *ex operis suis*, l, 14. *De usufruct.*, Il va donc de soi que l'esclave ne peut faire de la chose du propriétaire l'objet d'une stipulation, dans l'intérêt de l'usager; au contraire, comme dans l'usufruit, l'esclave peut faire profiter le propriétaire de la stipulation qu'il fait au nom de l'usager. L, 23. Cependant les Institutes, III, 28, § 2 , assimilent entièrement l'esclave soumis à l'usage et l'esclave usufructuaire ; c'est là une décision que repoussent également les principes e t la l. 14; aussi crois-je qu'il y a là une erreur de Justinien, qui se sera mépris sur la portée de l'expression *ex operis suis·* Oui, l'usager profite des acquisitions faites par l'esclave *ex re ejus*, comme aussi de ses travaux, *ex operis suis* ; mais pour cela il faut que les travaux aient été exécutés pour l'usager lui-même, et il en serait autrement de ceux faits pour un tiers, dont l'usager voudrait toucher le prix: l'expression *ex operis suis* peut s'appliquer à l'un et à l'autre cas, et le tort de Justinien est de l'avoir appliquée mal à propos.

Le possesseur de bonne foi est mis sur le même pied que l'usufruitier : il profite des acquisitions faites par l'esclave ou le prétendu esclave, *ex re sua aut ex operis ejus*. Mais il y a entre eux cette différence capitale, que le possesseur de bonne foi peut par l'usucapion arriver à s'approprier toutes les acquisitions et stipulations de l'esclave, tandis que l'usufruitier n'ayant ni possession ni bonne foi ne peut jamais parvenir à transformer son droit en une véritable propriété. D'un autre côté, il semble, d'après la l. 19, *De acq. rei dom.*, qu'on n'ait pas admis pour le possesseur de bonne foi l'interprétation bienveillante qui permettait à l'usufruitier de recueillir les donations et les legs faits à l'esclave, lorsqu'il était évident que c'était lui que le testateur ou le donateur avait en vue, l. 21 et 22 *de usuf*. Pourtant on ne voit guère la raison de distinguer, et, sauf cette différence, l'assimilation est complète entre l'usufruitier et le possesseur de bonne foi de l'esclave. Tout ce qu'il acquiert autrement que *ex re ejus aut ex operis suis* revient, soit au véritable propriétaire, soit à celui qui se trouve *in servitute*, lorsque c'est un homme libre qui sert indûment.

Nous avons ainsi résolu notre première question : l'esclave peut-il rendre la condition de son maître meilleure?

II. L'esclave peut-il rendre la condition de son maître pire ?

En principe nous répondons : Non? (1)

Le maître, qui a autorisé son esclave à rendre sa condition meilleure, ne lui a pas donné mandat de la rendre pire ; l'esclave, comme dit M. Boujean, peut être pour lui une source d'avantages, jamais une cause d'appauvrissement. Cette règle générale ne subit que deux exceptions, l'une, partielle seulement, pour les obligations résultant de délits, dans l'abandon noxal, l'autre, plus grave, quand le préteur permet à ceux qui avaient traité avec les fils de famille et les esclaves , d'agir contre le père ou le maître, tantôt pour le tout, actions *quod jussu, exercitoria, institoria*, tantôt seulement jusqu'à concurrence d'une valeur donnée, *tributoria, de in rem verso, de peculio,*
Examinons en détail ces deux exceptions.

§ I. ABANDON NOXAL.

C'est un principe admis en droit romain que le propriétaire répond des dommages causés par sa chose, objet inanimé, animal ou esclave ; mais aussi qu'il peut se décharger de cette responsabilité en abandonnant la chose à la personne lésée. L'esclave peut donc jusqu'à un certain point obliger son maître par sa faute et ses délits, et c'est là une grave dérogation au prin-

(1) Par un privilége singulier, qu'il semble impossible d'expliquer, le *servus pu_blicus* pouvait disposer par testament de la moitié de ses biens. Ulp., XX, 16.

cipe fondamental de cette matière ; mais, hâtons-nous de l'ajouter, il y a là une obligation *sui generis* dont l'obligé peut se libérer d'une façon toute particulière par l'abandon de l'esclave coupable (1). Celui-ci, à vrai dire, n'avait pas le droit d'obliger personnellement son maître ; mais comme réparation est due à la victime, on le lui abandonne, à moins que le maître, pour le conserver, ne préfère payer une indemnité. C'est ce qui explique pourquoi l'action noxale atteint le maître actuel de l'esclave et non celui auquel il appartenait lors du délit, *caput noxa sequitur;* pourquoi, si depuis cette époque l'esclave est devenu *derelictus*, sans maître, l'action noxale n'est plus possible; pourquoi, par l'abandon de l'esclave, le maître se décharge de toute responsabilité, quelle que soit l'importance du délit ou le nombre des personnes lésées ; pourquoi les héritiers du maître ne sont tenus qu'autant que l'esclave se trouve dans les biens à eux laissés ; pourquoi, enfin, toutes ces règles ne sont applicables que lorsque l'esclave a agi à l'insu ou contre la volonté de son maître, les choses changeant entièrement de face lorsqu'il y a complicité de la part de celui-ci.

Développons ces différents points :

On entendait par *noxa*, l'auteur du délit, ici l'esclave, et lorsqu'on intentait une action contre le maître à raison du délit commis par la *noxa*, l'action était dite *noxale* : ce n'était pas, remarquons-le bien, une action d'une nature à part ; c'était l'action ordinaire qui offrait cette particularité, cette modalité que, fondée sur le délit d'un esclave, elle pouvait s'éteindre par l'abandon noxal. On s'est demandé si, par suite de cet élément particulier, elle devient arbitraire. Quoique la question ait été controversée, il me semble que les textes montrent bien que le maître a le choix entre l'exécution de la condamnation et l'abandon de l'esclave, jusqu'au moment où l'on intente contre lui l'action *judicati: Tamdiu quis habet pœnæ dedendæ facultatem quamdiu judicati convenitur ; post susceptum judicium non potest*

___

(1) L'abandon se faisait à l'aide d'un des modes ordinaires de translation de la propriété *mancipatio, cessio in jure*, etc. Si le maître refusait de défendre l'esclave ou de l'abandonner, le préteur ordonnait une *ductio* à la suite de laquelle l'esclave se trouvait *in bonis* du demandeur. L. 26, § 6, *de nox. act.*

noxæ dedendo se liberare, dit la L. 20, § 5, *de petit. hæred.*, et la L. 4, § 8, *de re judicata*, suppose précisément que l'abandon a eu lieu postérieurement à la condamnation ; voyez encore les L. 6, § 1, *ej. tit.*, 4, L. 1, *de nox. act.*, qui ne sont pas moins explicites. Disons donc hardiment que les actions noxales ne sont pas arbitraires ; la condamnation produit une obligation facultative, *noxæ deditio in solutione est*, pour nous servir de l'expression de la L. 6.

Le maître n'étant obligé qu'en tant que détenteur de l'esclave échappe à toute responsabilité dès que l'esclave sort de ses mains. En cas de mort de l'esclave, extinction pleine et entière de l'action ; en cas d'aliénation, elle passe contre le nouveau maître, *noxa caput sequitur;* enfin, en cas de délaissement, comme il n'y a plus personne contre qui elle puisse s'exercer, l'action s'éteint, et la partie lésée ne conserve de recours que vis à vis de l'esclave. Mais, dans cette dernière hypothèse, il faut qu'il n'y ait pas fraude ; car si le maître ne s'est dessaisi que pour échapper aux poursuites, on considère le délaissement comme non avenu en vertu de la règle générale *pro possessione dolus est*, L. 131 *de Reg. juris*, L. 2, *Si ex noxali*, L, 24, 12 et 21, *De nox. act.*, et le maître perd même la faculté de se racheter par l'abandon, L. 21, § 2.

Si le maître était personnellement tenu, l'abandon ne le libèrerait que vis à vis de celui à qui il le fait. Au contraire, du moment qu'il n'est tenu que comme détenteur, son obligation cesse avec la détention même de l'esclave : eût-il lésé dix personnes, dès l'instant qu'il a été abandonné à l'une d'elles, les autres sont sans ressource. Si, au contraire, le maître a préféré acquitter la condamnation, il restera exposé aux poursuites des personnes lésées tant qu'il détiendra l'esclave coupable, L, 20, L. 14 pr.

Mais tout change lorsque l'esclave a commis le délit avec le concours ou tout au moins l'assentiment de son maître ; en pareil cas celui-ci est véritablement son complice et est tenu avec et comme lui. Pour qu'il y ait complicité de sa part, il suffit même que, connaissant les coupables projets de l'esclave, il ne l'ait pas empêché de les réaliser, Coll XIV, ch. 3, § 4. Bien plus, il sera seul tenu, si ce n'est 'que par son ordre que l'esclave a agi, car, *servus qui domini jubenti obtemperavit , nihil deliquit*, L. 2, § 1 ; cela n'est vrai cependant que pour les délits de moindre importance , pour ceux *quæ non habent atrocitatem sceleris vel facinoris*. Pour ces derniers, l'ordre du maître ne saurait être une cause d'excuse ; car, dit la l. 17, § 7, *De injuriis, non in omnia servus domino parere debet;* en pareil cas , ils sont tous deux tenus, de sorte que la partie lésée a une double action, l'une directe contre le maître complice, l'autre noxale contre le maître du coupable. Les différences de ces deux actions ressortent naturellement de tout ce que nous avons dit ci-dessus. Celui qui est tenu de l'action directe ne peut pas s'y soustraire par l'aliénation ou l'abandon de l'esclave; il doit indemniser, non seulement la personne lésée qui la première obtiendra condamnation , mais toutes celles qui le poursuivront ; et ses héritiers sont tenus comme lui-même, sans qu'il faille que l'esclave fasse partie de la succession.

Il ne pouvait pas y avoir d'obligation entre maître et esclave ; donc pas d'action pour délits commis par l'esclave contre le maître, et, en cas d'aliénation, le nouveau propriétaire était à l'abri de toute poursuite. Par une conséquence du même principe. l'action s'éteignait lorsque l'esclave passait sous la puissance de la personne lésée, et elle ne renaissait même pas quand plus tard il devenait la propriété d'un nouvel acquéreur. La question avait été discutée entre les deux écoles, mais Justinien adopta l'opinion des Sabininiens, plus favorable à l'esclave. Gaïus, *IV*. 78; *Instit., IV.* 8, § 6.

Ce n'était pas seulement contre le maître lui-même que l'action devait être intentée, mais encore contre le possesseur, soit de bonne, soit de mauvaise foi, L.13, pourvu toutefois qu'il possédât *animo domini*, L. 22, § 1. Ainsi le créancier gagiste, celui qui tenait l'esclave en précaire, et, à plus forte raison. le locataire, le commodataire et le dépositaire, qui n'avaient même pas la possession, en étaient garantis, L. 22. Dans l'ancien droit, c'était contre celui qui avait l'esclave *in bonis* que l'action noxale était donnée.

Pour terminer, remarquons que l'esclave abandonné noxalement peut, en indemnisant son nouveau maître du dommage qu'il lui avait causé, le contraindre à l'affranchir. *Inst.*, II, 8, § 3, *in fin.*, Coll. Leg. II, ch. 3.

§ 2. *Actions prétoriennes quod jussu, exercitoire, institoire, etc.*

Si l'esclave est incapable d'obliger son maître *ignorantem aut invitum*, rien n'empêche qu'il ne l'oblige en vertu d'ordres formels ou tacites. On ne concevrait pas que le maître, qui peut le prendre pour instrument de ses acquisitions, ne pût pas également s'en servir pour s'obliger. Sans doute, ces deux cas demandent à être distingués , et les Romains ne les confondaient pas. S'agit-il d'enrichir son maître, l'esclave peut le faire à son insu; il peut le faire contre son gré et surtout contre le gré de la partie avec qui il contracte et qui ne voudrait peut-être pas qu'un autre profitât de la convention. S'agit-il, au contraire, de l'appauvrir, alors il faut à l'esclave une autorisation expresse, générale ou spéciale peu importe; il faut que la partie avec qui il contracte, ait pu et dû compter sur la fortune du maître, et qu'elle ait eu de légitimes raisons pour attendre une garantie de lui. C'est ainsi que nous allons énumérer une foule d'hypothèses où le maître se trouve obligé par des actes de son esclave, mais ce sera parce qu'il l'aura voulu, parce qu'il l'y aura bien et dûment autorisé, parce qu'il aura été entendu de sa part que les tiers auront un recours contre lui. Il y a là sans doute une dérogation au principe de la matière, mais une dérogation en définitive plus apparente que réelle, puisque dans toutes ces actions, *quod jussu, exercitoire , institoire, tributoire, de peculio,* le maître n'est tenu que dans les limites des pouvoirs par lui conférés, ou bien, comme dans l'action de *in rem verso,* que dans la mesure du profit qu'il a retiré.

Étudions de plus près ces diverses actions.

1° *Action quod jussu.* — Quand l'esclave n'avait agi que sur l'ordre de son maître, le préteur donnait *in solidum* contre celui-ci l'action résultant du contrat, en la tempérant par l'adjonction de l'expression *quod jussu,* qui en révélait la cause. Si l'esclave n'avait fait que figurer d'une manière accessoire dans le contrat, par exemple, quand il avait simplement touché l'argent que le maître avait lui-même emprunté, il n'y avait plus lieu à l'action prétorienne *quod jussu*, mais à l'action directe du droit civil, L. 5., *quod jussu*. Peu importait, au reste, de quelle manière l'ordre avait été donné, oralement ou par écrit, pour un cas spécial ou d'une manière générale. La ratification postérieure équivalait même à un ordre, L. 1, § 4 et 6. Mais bien entendu que le maître devait être personnellement capable de s'obliger : si donc il était mineur, il fallait l'autorisation du tuteur pour qu'il y eût lieu à notre action, L. 1, § 7. L'ordre donné par le simple usufruitier produisait à cet égard le même effet que celui du plein propriétaire.

Ce recours contre le maître facilitait considérablement la représentation par les esclaves, et le préteur, qui en sentait toute l'utilité, tendit à la développer en généralisant ce recours.

2° *Action institoire.* — Par l'action institoire, il permit aux tiers d'agir contre le maître qui préposait son esclave à un commerce, pour tous les actes relatifs à ce négoce. Si pour chaque opération l'esclave avait dû demander l'autorisation de son maître, il eût été à chaque instant arrêté dans la marche de ses affaires, et le préteur avait bien compris les besoins du commerce en décidant que par cela même que le maître confiait à son esclave l'exploitation d'une boutique, d'un fonds de marchandises ou d'un comptoir de banque, il serait obligé de plein droit par tous les actes que l'esclave ferait dans l'exécution de son mandat. Du reste, rien de plus naturel : le maître ne pourra certainement pas se plaindre des obligations qui en résulteront pour lui, car, en donnant l'exploitation à son esclave, il a prouvé qu'il s'en remet à lui et qu'il accepte la responsabilité de ses actes. S'il voulait se soustraire à cette responsabilité, la loi lui en réservait les moyens : il n'avait qu'à avertir les tiers, par exemple, en apposant une affiche qui recommandait de ne pas contracter avec l'esclave, *proscribere palam ne cum eo contrahatur*, L. 11, § 2, (14-13). C'était alors simplement un gardien et non un mandataire général, un commis, un *insti-*

tor, suivant l'expression romaine. Mais, sauf le cas d'une réserve expresse, le maître était tenu, et le préteur donnait à l'action résultant du contrat la qualification spéciale d'action institoire. Toutefois il fallait qu'il s'agît d'un acte relatif au commerce de l'esclave, d'un acte exigé par la nature même de ses opérations ; il n'y aurait, au contraire, pas lieu à l'action institoire si l'esclave que j'avais chargé de la vente de mes marchandises, se mettait à les louer, ou s'il les vendait quand je l'aurais seulement chargé de les louer, L. 5, § 11 et 12; tandis qu'il y aurait lieu d'accorder cette action à celui qui prêterait à l'esclave de l'argent dont il aurait besoin pour son commerce, bien qu'il n'eût pas été spécialement chargé de faire des emprunts.

Pour être exposé à cette action, le maître doit être capable de s'obliger ; mais l'*institor* n'en a pas besoin, il emprunte sa capacité au *dominus* qu'il représente, L. 47, § 2 ; et même l'héritier mineur serait tenu des actes de l'*institor*, car le tuteur, en ne le destituant pas, l'a tacitement confirmé dans ses fonctions, L. 11, *pr*.

3° *Action exercitoire.* — Des motifs semblables, plus pressants encore, avaient donné lieu à l'action prétorienne *exercitoire* contre le chef de famille qui préposait son esclave comme patron d'un navire. Cette action embrassait tous les actes faits par le *magister navis* à l'occasion de cet armement. On était même allé ici beaucoup plus loin que pour l'action institoire; car le patron pouvait se faire remplacer par un tiers dont les actes liaient le père de famille aussi bien que les siens propres, et il le pouvait, alors même que l'armateur le lui eût interdit, l. 1 § 5. On voulait par là protéger les intérêts de la navigation, qui auraient été singulièrement compromis si le patron subitement empêché dans quelque pays éloigné n'avait eu le droit de se faire remplacer à l'insu de l'armateur. La même raison n'existait pas pour l'*institor*, qui se trouvait habituellement près de son maître, et d'ailleurs il ne s'agissait pas ici d'assurer la conservation d'un navire et d'un équipage. Ces règles s'appliquent indistinctement à la navigation maritime et à la navigation fluviale ; mais il faut que les opérations de l'esclave rentrent daus la classe de celles dont il a été chargé, ou qu'elles soient relatives à la réparation du navire, ou bien à l'entretien de l'équipage. Pour tous autres actes, le maître est sans responsabilité aucune, car il ne peut être considéré comme les ayant autorisés, l. 1, § 7 et suivants. Il y a là une question de fait. L'action était donnée *in solidum* et s'il y avait plusieurs armateurs, chacun d'eux était tenu pour le tout, l. 1 § 25. L'action était perpétuelle et ne s'éteignait ni par la mort ni par l'aliénation de l'esclave. On pouvait au choix l'intenter, soit contre le patron du navire, soit contre l'armateur lui-même, l, 1 § 16 ; mais une fois intentée contre l'un, elle ne pouvait plus être dirigée contre l'autre, § 24.

§ 4 et 5. — *Actions de peculio et de in rem verso.*

Il arrivait souvent que le maître confiât à son esclave l'administration d'une somme d'argent ou de quelques objets déterminés; on disait alors que l'esclave était à la tête d'un pécule. Pour cela , il fallait une remise effective, L. 8, *de peculio.* L'esclave ne devenait pas par là propriétaire du pécule ; il n'en avait que l'administration ; il n'était qu'un représentant du maître, qui pouvait à son gré développer ou restreindre ses pouvoirs. Naturellement, il était capable de tous les actes d'administration, et pouvait, dans cette limite, augmenter ou diminuer à volonté le pécule ; il le pouvait sans avoir besoin de l'autorisation expresse du maître, qui était censé ratifier d'avance, et se soumettre aveuglément à toutes les conséquences de cette liberté d'action. C'était lui qui profitait de toutes les augmentations du pécule ; mais, en revanche, il était tenu de tous les engagements contractés par l'esclave dans l'intérêt de l'administration qui lui était confiée ; voilà donc encore un cas où les actes de l'esclave obligeaient le maître, en vertu d'une autorisation générale par lui concédée. D'habitude, l'action de l'esclave était restreinte dans les limites d'une simple administration ; mais il ne dépendait que du maître de l'étendre davantage, et de lui permettre, par exemple, l'aliénation à titre onéreux. Ainsi, quand il recevait le pécule *cum libera administratione,* l'esclave pouvait aliéner ,

mais non faire des donations ni engager les biens à lui confiés pour garantir la dette d'autrui. L. 7, *De donat.*, et surtout L. 1. *Quæ res pign.*; ce sont là des actes tout-à-fait exceptionnels qui ne rentrent pas dans les termes généraux de la
libera administratio, et pour lesquels on exige une autorisation
formelle. Le droit d'aliéner à titre onéreux pouvait aussi résulter de la nature même des choses; ainsi, quand l'esclave reçoit
pour pécule un fonds de commerce, il est évident que cette concession implique nécessairement pour lui le droit de vendre. Il
semble presque oiseux de dire que le maître avait le droit, postérieurement à la remise du pécule, d'étendre ou de restreindre
les pouvoirs qu'il avait primitivement concédés à l'esclave; rien
même ne l'empêcherait de lui retirer complétement le pécule, et,
à la différence de ce que nous avons vu pour la remise, on n'exigeait aucunement que le retrait fût effectif : il suffisait d'une
manifestation quelconque de sa volonté, L. 8, *De pecul.*

On peut fort bien confier un pécule à un pupille ou à tout autre incapable; mais alors l'action *de peculio* n'était donnée contre
le maître qu'autant que l'acte avait été profitable à l'esclave,
L 1, § 3. La responsabilité qui pouvait résulter de la concession
d'un pécule, était trop grave pour qu'un pupille pût faire cet
acte ; il ne le pourrait même pas avec l'autorisation de son tuteur L. 3. § 3; mais on respectait celles faites antérieurement
par l'auteur du pupille, loi 3, § 3.

Après ces généralités sur le pécule, développons le point qui
nous touche plus spécialement, l'obligation résultant des engagements que l'esclave a contractés relativement au pécule. Le
maître était bien lié par ces actes, mais seulement jusqu'à concurrence de la valeur du pécule ou du profit qu'il en retirait. De
là naissaient contre le maître deux actions qui étaient souvent,
mais non toujours réunies, l'action *de peculio* et l'action *de
in rem verso* : par la première, le maître répondait des obligations de l'esclave jusqu'à concurrence de la valeur du pécule ;
dans la seconde, il était tenu de tout le profit que l'engagement
lui avait procuré, abstraction faite de la valeur actuelle du pécule. On sent aisément qu'il était utile de les joindre lorsque le
profit ou la valeur du pécule n'était pas suffisante ; sinon on recourait soit à l'une , soit à l'autre, suivant les circonstances.

Pour bien apprécier ces actions, étudions-les en détail l'une après l'autre , après quoi nous les comparerons.

De peculio. — Le maître répond de toutes les obligations contractées par l'esclave dans l'intérêt du pécule; il en répond pour le tout jusqu'à concurrence de sa valeur. Mais s'il est lui-même créancier de son esclave, il a un privilége et commence par prélever ce qui lui est dû; ce n'est qu'après s'être désintéressé qu'il répond pour l'excédant aux attaques des créanciers, qui se trouveront donc privés de tout recours quand les créances du maître absorberont tout le pécule. Cependant rien de plus raisonnable : on ne doit pas supposer que le maître donne en pécule ce qui est dû à lui-même, 1. 9 § 4. Ce droit de déduction s'applique également aux créances des personnes dont il administre les biens, pupilles , interdits, 1. 9. § 4; responsable de leur fortune , il est censé avoir retiré du pécule ce qui serait dû par lui-même. La déduction a lieu pour toutes les créances du maître contre son esclave, n'importe leur origine et leur nature, qu'elles proviennent de contrats ou de délits, qu'elles soient civiles ou naturelles, à terme ou à condition. Seulement, comme entre maître et esclave, il n'y a pas d'action pénale, la déduction ne comprend que la valeur du dommage causé, non ce qui serait dû aux tiers à titre de peine, 1. 9, § 6. Si la valeur du pécule se trouve diminuée par le dol du maître, on ne tient pas compte de cette diminution, et la responsabilté du maître s'é-tend au delà de sa valeur effective, 1. 21.

L'action *de peculio* ne survit que pendant un an à la mort ou à l'affranchissement de l'esclave; en cas d'aliénation elle dure pendant un an encore contre l'aliénateur, à moins qu'il n'ait expressément aliéné le pécule, de sorte que les tiers ont recours contre lui en même que contre le nouvel acquéreur, 1. 27, § 2. Elle atteint même le maître qui a formellement défendu de traiter avec son esclave, 1. 29 § 1, et qui ne se soustrait par là qu'à l'action institoire; ceci, pour l'esclave, me semble exagéré, mais on me répondra probablement que, sans le droit de contracter, le pécule serait un bien inerte, une chimère. C'est au moment de la condamnatiou qu'on examine la valeur du pécule, de sorte que l'action est recevable même quand il ne contient absolument rien, l. 10, *pr.*, et que si durant l'instance, l'esclave est aliéné, le maître est tenu même sur la valeur des biens acquis chez le nouveau propriétaire. Si une première action n'a pas suffi pour indemniser le créancier, il lui est alors loisible d'en intenter une nouvelle, l. 58, § 4. Quand il y a plusieurs co-propriétaires de l'esclave, l'action intentée contre l'un libère tous les autres, et cependant chacun d'eux ne peut être condamné que pour sa part, l. 32 *pr.* et l. 32 § 1 ; ce résultat bien injuste pour les créanciers ne saurait être définitif, et, quoiqu'en droit strict, il soit inévitable, l'équité veut qu'on donne contre les autres co-propriétaires un recours quelconque, tout au moins une action utile.

Enfin, dernière particularité, le créancier qui a obtenu condamnation par l'action de *peculio,* n'a plus rien à craindre du concours des autres créanciers, alors même que l'insuffisance du pécule les laisserait à découvert ; il y a une sorte de prime offerte à l'activité des créanciers, et le premier occupant se trouve dans une position inexpugnable, l. 10, l. 52, *pr.*

On le voit, cette action de *peculio* est soumise à des règles tout exceptionnelles : sa durée limitée à un an, les déductions auxquelles elle donne lieu, cette espèce de privilége accordée au créancier le plus diligent, tout cela lui donne un caractère et une physiononomie bien tranchés.

De in rem verso. — A côté d'elle se place l'action *de in rem verso* sans que cependant elles se confondent toujours, comme le disent à tort les Institutes. Si l'esclave peut engager son maître dans les limites du pécule; s'il peut ainsi disposer dans une certaine limite du patrimoine de son maître, n'est-il pas bien juste qu'il puisse également l'obliger dans la limite des avantages qu'il lui procure ? Assurément, s'il peut engager le capital du pécule lui-même, pourquoi les profits qu'il procure par là et qui en sont, pour ainsi dire, les fruits seraient-ils soustraits à l'action des créanciers? Ce serait illogique, et les jurisconsultes romains ne font qu'appliquer les principes de la plus stricte justice en décidant que le maître est obligé par les actes de son esclave jusqu'à concurrence du profit qu'il en retire, et de là l'action *de in rem verso,* dont il ne saurait se plaindre puisqu'en définitive elle l'empêche de s'enrichir au détriment des créanciers. Ainsi, que l'esclave s'oblige pour acquitter une dette de son maître, pour réparer un de ses bâtiments, pour soutenir un procès en son nom, il est de toute justice que le maître soit tenu, jusqu'à concurrence du profit qui lui en revient, envers les créanciers de l'esclave, absolument comme s'il avait lui-même contracté. Il suffit d'ailleurs que l'opération ait été utile au moment où elle a été entreprise, quand même il n'y aurait plus profit à l'instant où l'action est intentée ; mais il faut que l'esclave n'ait pas agi *animo donandi*, parce qu'alors l'action *de peculio* serait seule applicable, l. 7, *pr. De in rem verso*. Contrairement à l'action *de peculio* l'action *de in rem verso* est perpétuelle ; elle ne donne pas lieu aux déductions qui souvent restreignent si notablement la portée de cette action ; enfin, elle est d'une application fort simple, tandis que souvent l'estimation du pécule sera très-compliquée.

De tout cela il résulte que ces deux actions ne forment aucunement double emploi. Sans doute, quand on sera encore dans le délai d'un an, on les intentera simultanément, et le juge, si le profit n'équivaut pas au montant de l'obligation, fera porter sa condamnation sur la valeur du pécule ; dans le cas contraire la condamnation *de in rem verso* suffira à elle seule. Mais si le delai d'un an est expiré, si les déductions à opérer doivent absorber tout le pécule ou si le profit est tel qu'il dépasse en réalité le montant de l'obligation; dans tous ces cas il sera, soit impossible, soit superflu, de combiner les deux actions, et l'*in rem versum* sera seul mis en question. Mais c'est au créancier à bien prendre ses mesures avant de se décider pour le choix de l'une ou de l'autre action, car s'il peut les exercer simultanément, il ne peut recourir successivement à l'une et à l'autre : son choix une fois fait est irrévocable, l. 1. *In fine.*

6° *Action tributoire.* — Nous savons que le maître a un privilége sur la valeur du pécule et qu'avant de répondre aux autres créanciers il peut prélever tout ce qui lui est dû par l'esclave. Cependant il peut renoncer à ce privilége, soit expressément, soit tacitement. Il y a renonciation tacite de sa part lorsqu'il laisse un de ses esclaves employer à des opérations de commerce tout ou partie de son pécule ; par cela seul qu'il ne s'y oppose pas, il est censé renoncer à son privilége sur la partie du pécule que l'esclave emploie à cet usage. Il viendra donc en concurrence avec les autres créanciers : tandis que ceux ci ne peuvent agir que pour leurs créances commerciales, il peut se présenter *ex omni causa*, n'importe l'origine de son droit, 1.5, § 7 ; c'est lui, du reste, qui fera la répartition du dividende. Mais s'il s'attribue par dol plus que sa part légitime, les créanciers lésés ont contre lui l'action tributoire pour le contraindre à les indemniser. Remarquons, d'ailleurs, qu'il peut y avoir lieu à l'action tributoire alors même qu'à l'origine la répartition eût été convenablement faite par le maître : il n'y pas ici, comme pour l'action *de peculio*, un avantage au profit du premier occupant ; les créanciers sont bien payés dans l'ordre où ils se présentent ; mais s'il s'en présente d'autres ultérieurement, il faudra leur rapporter, 1. 6. Contrairement à l'action *de peculio*, la tributoire est perpétuelle et s'exerce non-seulement contre le maître originaire de l'esclave, mais encore contre son acheteur.

Pour nous résumer sur ces dernières actions, demandons-nous avec les Institutes dans quel ordre il faudra les exercer lorsqu'on aura le choix entre plusieurs d'entre elles. Nul doute pour les actions *quod jussu, exercitoire, institoire* ou *de in rem verso* : comme elles s'exercent sur tout le patrimoine du maître, elles sont assurément préférables, et il faudra sans hésiter y recourir toutes les fois qu'on le pourra. Ce n'est que pour l'action *tributoire* et l'action *de peculio* que le choix peut être douteux : ce qui fait le faible de l'action *de peculio*, ce sont les nombreux prélèvements que les créanciers ont à subir ; cet inconvénient n'existe pas dans l'action *tributoire*, mais, en revanche, les créanciers n'ont pour gage que la partie du pécule qui, au su du maître, a été employée au commerce, bien que le maître puisse concourir avec eux pour toute espèce de créance, même non commerciale. Les avantages et les inconvénients se contrebalancent donc en principe, et le choix dépendra des circonstances : quand le maître aura d'importants prélèvements à faire, il y a danger à se servir de l'action du pécule, et on fera bien d'agir par l'action *tributoire*.

Nous avons ainsi épuisé notre seconde question. L'esclave peut-il rendre la condition de son maître pire? Notre réponse a été négative.

III. — L'esclave peut-il s'obliger lui-même? Oui.

Il est parfaitement capable de s'obliger, soit envers son maître, soit envers des tiers, mais l'obligation qu'il contracte, est une obligation purement naturelle, qui reste telle même après l'affranchissement, alors qu'il devient cependant capable de s'obliger civilement, l. 14, *De Oblig. et act.* A consulter les autres textes, on croirait que l'esclave n'est aucunement tenu, même pas naturellement. *Inst.*, 1. § 6. *De Inut. stip*, L. 43. *De Oblig. et act.*, L. 22, *pr. De reg. juris.* Mais on aurait tort de leur attribuer ce sens : dans le langage usuel on disait souvent qu'il n'y avait pas obligation quand la loi n'accordait pas d'action civile, et c'est cette forme de langage que nous retrouvons dans ces textes. L'esclave est bel et bien tenu, au moins naturellement : la L. 14 *de Oblig. et act.*, et L. 1 aux *Inst. de Fidej.*, la L. 11. § 2, *de peculio*, et bien d'autres textes encore ne laissent aucun doute à ce sujet ; et la véritable pensée de ces lois en apparence contradictoires se révèle dans la L. 107, *De reg. juris : Cum servo nulla actio est;* pas d'action contre l'esclave, oui, sans doute; mais cela n'exclut pas l'obligation naturelle.

Au reste, si ces preuves ne suffisaient pas, on n'aurait qu'à fouiller pour trouver à chaque pas des témoignages de l'obligation de l'esclave. Sans doute, on ne délivre pas l'action contre lui, Paul, II, 13 § 9. L, 1 et 2, C. *an servus* ; mais il n'en est pas moins vrai que, s'il a payé, il ne peut pas répéter, l. 13 et 64 *De condict. ind.*; que les cautions et gages constitués pour sa dette sont valables, L. 24, § 2, *de act. empti et venditi* l. 1, § 2. *De fidejuss.*, l. 84, *De solut.*, et que la novation par *expromissio* faite postérieurement à son affranchissement est considérée comme un paiement et non comme une donation, l. 19 § 4, *De donat.*

On comprend aisément que les obligations de l'esclave ne fussent pas garanties par une action tant que durait la servitude :

il ne fallait pas qu'elles réfléchissent contre le maître, et permettre de poursuivre l'esclave c'eût été faire ressentir au maître le contre-coup de la poursuite ; mais, après l'affranchissement, ce motif n'a pas de raison, et on peut se demander avec quelque étonnement pourquoi alors l'obligation de l'esclave ne devient pas civile, pourquoi alors il ne peut pas être poursuivi. Cependant cela s'explique fort bien : L'esclave qui contracte n'est censé engager que la fortune de son maître, et il eût été fort dur pour lui de supporter sur ses biens personnels les obligations qu'il a pu contracter pendant la servitude. Tant qu'il n'est tenu que naturellement, il ne court guère le risque de subir les conséquences de ses engagements. La plupart du temps, ce ne seront que les cautions qui en souffriront, et s'il a lui même payé, c'est qu'il l'aura voulu ou qu'il aura commis une erreur dont il ne peut pas se plaindre. Au contraire, attacher à de pareils engagements un effet civil, ce serait souvent rendre la condition des affranchis insupportable, car ils se trouveraient en butte à nombre d'actions qui engageraient pour longtemps tout leur avoir, et altèreraient singulièrement les bénéfices de l'affranchissement. Cette explication, fournie par M. de Savigny, me semble très-satisfaisante, et a l'avantage de nous donner la clef de diverses exceptions fort remarquables à la règle que nous venons de poser. Par là, en effet, on s'explique pourquoi l'action contre l'esclave devient une action civile après l'affranchissement, lorsqu'il détient encore la chose qui lui a été remise en dépôt, lorsqu'il continue le mandat ou la gestion d'affaires qu'il a entrepris comme esclave, lorsqu'il a à répondre d'un délit antérieur, et, enfin, lorsqu'il refuse d'acquitter la somme qu'il a promise à son maître pour que celui-ci consentît à l'affranchir.

Examinons en détail ces diverses exceptions :

1° *Dépôt.* — Quand l'affranchi détient une chose qui lui avait été remise en dépôt alors qu'il était encore esclave, la loi 21, § 1, *Depositi*, permet de le poursuivre par l'action *Depositi*. En effet, ici, quelle raison l'affranchi invoquerait-il pour se dispenser d'opérer la restitution ? Il ne peut pas se prévaloir de sa condition passée ni prétendre qu'au moment du contrat le déposant n'entendait avoir d'autres garanties que la fortune de son maître. Il détient la chose d'autrui, il doit la restituer ; et s'il s'y refuse, il commet un dol dont il doit supporter les conséquences : il serait vraiment étrange qu'en pareil cas il fût à l'abri de toute poursuite. Mais du moment que la chose n'est plus entre ses mains, ces motifs perdent toute leur portée ; nous retombons sous l'empire du droit commun, et l'affranchi ne peut pas être poursuivi : c'est, je crois, en la rapportant à cette hypothèse qu'on peut expliquer la loi 1, § 18, *ej. tit.*, qui semble donner un démenti à notre solution.

2° *Mandat, gestion d'affaires.* — Quand l'affranchi continue à remplir une gestion d'affaires ou un mandat dont il s'était chargé étant encore esclave, et que les effets en sont tellement connexes qu'il est impossible de séparer ce qui a été fait avant de ce qui a eu lieu après, l'action donnée contre lui comprendra à la fois et les actes antérieurs et les actes postérieurs à l'affranchissement, L. 17 *De neg. gest.*; L. 25 au C., *ej. tit.*; L. 37 *in fin. De fideic. libert.*; L. 1 et 2 au C. *An servus pro suo facto.* C'est là une exception qui est fondée sur la nécessité même des choses : dans l'impossibilité où l'on se trouve d'établir une délimitation précise entre les divers actes de la gestion, on les embrasse indistinctement dans les poursuites, sans tenir compte du changement d'état subi par l'esclave.

3° *Délits.* — Ceci est une exception beaucoup plus importante et d'une application très-fréquente : elle découle, au reste, assez naturellement des principes que nous avons posés à l'occasion de l'abandon noxal. L'affranchi peut être poursuivi pour les délits qu'il a commis comme esclave. C'est en vain qu'il invoquerait son incapacité passée pour se soustraire à l'action : cette incapacité ne saurait lui assurer l'impunité. Aussi bien, il ne saurait prétendre qu'en commettant le délit, il n'a entendu engager que la fortune de son maître : c'est un droit qu'il n'avait pas, car le maître n'a ni pu ni dû l'autoriser à délinquer pour lui. D'ailleurs, nous connaissons les principes exceptionnels admis en matière de délit, et nous savons que l'esclave peut par là obliger son maître jusqu'à concurrence de sa propre valeur. Il est donc bien naturel qu'une fois libre, alors que l'action noxale n'a plus de raison d'être, l'ancien esclave, devenu capable de figurer en justice, tombe sous l'application de l'action directe, et que sa position ne soit pas préférable à celle de son maître, qui ne lui avait aucunement donné le droit de l'obliger.

Par une singularité fort remarquable, le délit commis par l'esclave contre son maître ne donnait lieu à aucune obligation, soit civile, soit naturelle ; et après l'affranchissement l'ancien esclave était à l'abri de toute poursuite. Quelque étrange que semble au premier abord cette dérogation, il est aisé de la justifier ; le maître disposait de moyens bien autrement efficaces qu'une action légale, pour obtenir réparation des délits de son esclave, *Inst.* § 6, *de nox. act.*, l. 6, C. *An servus* ; d'ailleurs, lorsqu'il avait à se plaindre de lui, il n'est guère probable qu'il fût disposé à l'affranchir. Du moment qu'il lui accordait la liberté, il était censé lui faire grâce de toutes ses fautes. C'est là probablement la raison qui avait fait admettre en principe que les délits de l'esclave envers le maître ne donnent lieu à aucune action.

4° *Refus de l'affranchi d'acquitter la somme qu'il avait promise pour l'affranchissement.* — Cependant avec le temps on accorda au patron une action contre l'affranchi qui refusait d'acquitter la somme par lui promise pour prix de son affranchissement. Du temps d'Ulpien on n'admettait pas encore cette obligation civile de l'affranchi, et la l. 7, § 8, *De dolo*, nous montre qu'il n'y avait là qu'une obligation naturelle dont le cautionnement était valable; une constitution d'Alexandre Sévère de l'an 227 va beaucoup plus loin en accordant en pareil cas au patron une action *in factum* Mais, à vrai dire, ici il ne s'agit pas d'un dol commis pendant l'esclavage ; sans doute, il se rapporte à un fait qui a précédé l'affranchissement, à la convention conclue durant la servitude, mais le fait delictueux lui-même, cause réelle de l'action, est postérieur à l'affranchissement et date ainsi d'une époque où le coupable était parfaitement maître de s'obliger. J'ai même peine à m'expliquer qu'on ait tardé si longtemps à admettre une conséquence aussi directe des principes.

Nous avons ainsi résolu les principales questions que soulève l'étude de la capacité civile de l'esclave. Les tristes résultats auxquels nous sommes arrivés, nous dispensent de rechercher quelle est sa capacité politique. Evidemment nulle; ni droit de suffrage ni *jus honorum* pour l'esclave. Et ce n'étaient pas seulement les droits politiques proprement dits qu'on lui refusait, mais même ces droits mixtes, placés sur la ligne d'intersection du droit public et du droit privé, qui concernent la comparution en justice.

Il ne pouvait donc pas figurer en justice, L. 33, *De procur.*, ni compromettre, L. 5, § 8, 10, *De peculio*, ni citer des témoins,

Servum antestari, vide! (*Plaute, Cur.*, V. II. 630).

ni être reçu en témoignage;

Servum hominem causam orare leges non sinunt,
Neque testimonii dictio est ; (*Térence, Phorm.*, II, 1, 292).

Lorsque son témoignage était indispensable pour la découverte de la vérité, on l'admettait, mais en lui infligeant la torture, L. 21, § 2, *De testibus*, et L. 8, *De quæst.*. Pour se disculper, on pouvait invoquer le témoignage d'un esclave, même de l'esclave d'autrui, et, dans ce dernier cas, la L. 6, *De quæst.* a même soin de tenir compte au propriétaire de l'esclave du dommage que la torture pourra lui causer.

L'esclave ne formant avec le maître qu'une seule et même personne ne pourra être cité en témoignage contre lui ; car nul ne peut être obligé de s'accuser lui-même. Pour remédier à cet inconvénient, Auguste décida que lorsque son témoignage serait nécessaire, on le vendrait pour le rendre apte à déposer. Du reste, pour les crimes domestiques, comme l'adultère et l'inceste, où les gens de la maison sont plus que personne en état d'éclairer la justice, le témoignage des esclaves avait de tout temps été admis. *De servis nulla quæstio est in dominos nisi de incestu, ut fuit in Claudium,* dit Cicéron dans son *pro Milone. 22.*

CHAPITRE III.

Modalités de l'Esclavage.

En principe, l'esclavage durait à vie ; sans doute par suite de la volonté ou d'une faute du maître, l'esclave pouvait, dans certains cas, acquérir la liberté; mais ce n'était là qu'un accident, ce n'était pas la conséquence nécessaire de sa condition ; aucun terme prescrit n'en limitait la durée. Cependant, comme nous le verrons plus tard, le maître qui affranchit son esclave par testament, peut subordonner la mise en liberté à l'échéance d'un terme ou à la réalisation d'une condition. Ce n'est pas le moment de nous appesantir sur cette particularité de l'affranchissement testamentaire ; mais il faut nous demander quelle était la position de l'esclave dans le temps intermédiaire, entre le jour où le testament commençait à produire ses effets, et celui où le terme ou la condition venait à se réaliser. Naturellement si avant l'adition d'hérédité il avait été aliéné, il ne pourrait plus profiter de l'affranchissement , il ne serait plus *statuliber*. L. 9, § 3, *de statulib.* (C'est ainsi qu'on nomme l'esclave dans cette situation particulière). La *statulibertas* ne produisait pas d'effet immédiat, ne changeait rien à la condition présente de l'esclave ; sa position restait la même, à tel point que le maître conservait le droit de l'aliéner et de l'abandonner noxalement, L. 9. pr. Naturellement cette aliénation, cet abandon ne devait pas lui nuire, et c'était comme *statuliber* qu'il passait entre les mains de son nouveau maître, et la liberté lui était acquise au moment voulu, alors même que le maître n'aurait pas eu connaissance de la modalité qui l'affectait. Il faut cependant excepter le cas où l'affranchissement serait subordonné à la condition de l'aliénation, L. 30, car alors l'aliénation serait définitive et empêcherait même l'affranchissement de se réaliser. Le travail et les acquisitions de l'esclave continuaient donc à profiter au *Dominus*. C'était lui qui recueillait le part de la femme *statulibera*, L. 16, lui qui subissait toutes les conséquences des délits du *statuliber*. Celui-ci n'était même pas mieux traité en justice que tout autre esclave, et était soumis à la question,

L. 29 pr. On avait néanmoins admis que si sa position ne s'améliorait pas, elle ne pouvait pas davantage empirer, *statuliberorum jura per hæredem fieri non possunt duriora.* L. 33, L. 25.

Si en matière d'affranchissement par testament, nous voyons exceptionnellement admettre le terme et la condition suspensive, jamais on ne rencontre la condition résolutoire : c'est qu'ici on se trouve en présence du grand principe de l'inaliénabilité de la liberté, qui ne permet pas de retirer la liberté à l'homme qui l'a une fois reçue, fût-il un affranchi.

Il faut bien se garder de confondre avec les *statuliberi* ceux qui ont été affranchis par un mode non reconnu du droit civil, ou par des *peregrini*, comme aussi ceux qui vivent en liberté à l'insu ou contre le gré de leur maître, tous ceux enfin qui, sans être libres, sont *in libertate*, suivant l'expression romaine. Ces hommes-là sont sans doute encore esclaves en droit comme les *statuliberi;* mais en fait ils jouissent de tous les priviléges de la liberté ; ils sont traités comme des hommes libres, et, grâce à la protection du droit prétorien, ils échappent à toutes les charges de la servitude. Bientôt même leur position, qui n'était qu'un fait acquis, se transformera en droit véritable à l'aide de la prescription de dix ou vingt ans, appuyée sur la bonne foi et la juste cause (1), et dès l'origine elle donnait d'ailleurs à celui qui pouvait l'invoquer, la position si favorable de défendeur dans la *causa liberalis.*

Il ne faut pas plus confondre avec les *statuliberi* les personnes dites *in servitute.* On entend par là les hommes libres qui, par suite d'une erreur quelconque, se trouvent sous la puissance d'un maître qui les tient pour esclaves. En fait, ce sont de véritables esclaves ; en droit ils sont libres, et, quelle que soit la durée de cette servitude de fait, l'inaliénabilité de la liberté s'oppose à toute prescription contre eux. Du moment qu'en droit ils continuent à être considérés comme libres, on ne peut pas dire qu'il y ait eu une servitude sous condition résolutoire ; la vérité est qu'il n'y a pas du tout servitude. Seulement, en fait, ils seront

____

(1) Constantin avait porté le délai à 16 ans, Code Théodosien. L. 7, (4-8).

entièrement assimilés aux véritables esclaves; ils subiront le même traitement, seront soumis aux mêmes travaux, frappés de la même incapacité et exposés à la même infamie. Mais du jour où l'erreur dont ils ont été victimes, aura été reconnue, tout cela disparaîtra, et disparaîtra même rétroactivement, et on leur appliquera ces mots de la L. 12, § 15, *De captivis*, « *In eam causam veniet in qua futurus esset sit captus non fuisset.* » Ce sera peu pour eux de recouvrer leur libertè, leur capacité, leur *existimatio*; ils seront réintégrés dans tous les droits qui leur étaient échus pendant leur esclavage, et on leur restituera les biens qu'ils auraient dû acquérir pour eux-mêmes, ou ceux dont leur maître aura profité, sauf cependant les acquisitions qu'ils auront faites avec les biens de celui-ci ; enfin, je ne dirai pas leur mariage, mais leurs relations avec une esclave ou même avec une personne libre, produiront rétroactivement tous les effets du légitime mariage.

CHAPITRE IV.

Extinction de l'Esclavage.

Le maître, dans son omnipotence, pouvait renoncer à ses droits sur l'esclave et lui conférer la liberté ; c'était ce qu'on nommait *Manumissio*, affranchissement. Parfois aussi il arrivait que, par des motifs d'ordre public ou de morale, la loi conférât de plein droit la liberté à l'esclave. De là deux genres d'extinction de l'esclavage : 1° l'affranchissement proprement dit ou *Manumissio*; 2° l'affranchissement par la volonté de la loi.

SECTION I.

Affranchissement proprement dit.

L'importance de cet acte se comprend sans peine : il avait pour objet de soustraire un individu à la dure condition où il se trouvait, de lui rendre sa dignité, de lui accorder une capacité qui jusque-là lui manquait : bref, là où il n'y avait qu'une chose, apparaissait un homme ; c'était une sorte de création, de naissance à la vie civile ; un nouveau citoyen entrait dans la cité.

Avec le formalisme du droit romain primitif l'on conçoit qu'un acte d'une semblable importance dût être soumis à de nombreuses formalités, et, en effet, l'affranchissement à l'origine était un acte solennel. Ce ne fut qu'avec le temps qu'on admit des modes non solennels. Nous allons d'abord nous occuper des premiers.

§ *I. Modes solennels d'affranchissement.*

Ils sont au nombre de quatre :

1º La vindicte ; 2º le cens ; 3º le testament ; 4º dans les églises.

1º *Vindicte.*

Ce mode d'affranchissement consistait dans un procès fictif, dans une *cessio in jure* tout à fait conforme à l'esprit de l'ancienne législation romaine, du temps des actions de la loi. Lorsqu'un homme était injustement détenu comme esclave, le droit romain permettait à tout citoyen de revendiquer pour lui la liberté ; le procès intenté à cet effet s'appelait la *causa liberalis*, le demandeur prenait le nom d'*assertor libertatis*. Le maître qui voulait affranchir son esclave, s'entendait avec un tiers et feignait avec lui un procès sur la liberté de l'esclave. On se rendait devant le magistrat compétent pour les actions de la loi (ce pouvait être un magistrat municipal, Paul Sent., II, 25, 4,); le maître ne se défendant pas contre la réclamation du tiers qui soutenait que l'esclave était un homme libre, le magistrat n'avait qu'à lui adjuger sa demande et à proclamer la liberté. C'était, on le voit, quelque chose d'analogue à ce qui avait lieu pour l'adoption et la transmission de propriété, en un mot, une de ces cessions judiciaires dont les anciens Romains faisaient un si fréquent usage. Tout cela, naturellement, avait lieu avec des gestes et des paroles consacrés ; on y voyait notamment figurer, comme dans toutes les revendications, la *vindicta*, une espèce de lance ou de baguette, signe de la propriété quiritaire, dont il est cependant assez difficile d'expliquer l'usage en pareil cas, puisqu'à vrai dire, l'*assertor libertatis* ne revendiquait rien pour lui-même. Peut-être faut-il dire que la *vindicta*, figurant en général dans tous les procès, on n'avait pas tenu compte de la position exceptionnelle de l'*assertor libertatis*, et qu'on avait ainsi conservé ce symbole qui, entre ses mains, n'avait plus aucun sens. Je préfère cette explication à celle des auteurs qui supposent que le maître, avant de renoncer à son autorité sur l'esclave, voulait l'exercer une dernière fois en le frappant de cette baguette. Je ne sache rien qui autorise cette explication toute divinatoire ; et, bien que l'autre me semble attaquable au point de vue de la logique, je la crois cependant plus plausible. Quoi qu'il en soit c'est à cette baguette, *vindicta*, que ce mode d'affranchissement a emprunté son nom, comme la *vindicatio*, et il faut évidemment repousser comme peu sérieuse l'opinion de ceux qui le font dériver de l'esclave Vindex, celui-là même qui découvrit la conjuration des fils de Brutus, et qui le premier aurait été affranchi de cette manière : comme si avant cette épo-que il n'y avait pas eu d'affranchissement, ou comme si pendant plus de cent cinquante ans Rome eût eu des modes d'affran-chissement dont il ne resterait aucune trace, soit dans les récits des historiens, soit dans les œuvres des juriscon-sultes.

Avec le temps, cette procédure se simplifia notablement : on avait commencé par conférer au licteur le rôle habituel d'*asser-tor*, on arriva à se dispenser du prononcé de la formule, L. 23, *De man. vind.* et bientôt tout se réduisit au coup de ba-guette que le maître donnait à l'esclave ; le moment arriva même où on jugea la présence du licteur comme superflue, L. 8, et le maître put, partout où il rencontrait le préteur, même dans la rue ou à la campagne, L. 5, fût-ce un jour de fête où les tribu-naux chômaient, lui présenter l'esclave et lui manifester son in-tention, et le magistrat se hâtait d'y faire droit en proclamant la liberté. Ainsi défigurée et détournée de son sens primitif, la *manumissio vindicta* devait être permise même aux personnes incapables de figurer dans les actions de la loi ; et si Paul, IV, XII, 2, ne l'admettait pas, tous les auteurs n'étaient cependant pas si rigoureux, L. 1, *qui et a quib.*, et c'est l'opinion la plus favorable qui a été consacrée par Justinien, L. 10, C. *qui test. facere possunt*.

2° *Cens.*

Les censeurs avaient pour mission de dresser les listes des citoyens ; quiconque figurait sur leurs registres, était reconnu comme citoyen, et il en était résulté qu'ils pouvaient, en inscrivant ou en omettant une personne, lui conférer ou lui enlever la cité. Les Romains, si ingénieux à plier toutes leurs institutions aux besoins divers qui se présentaient, avaient appliqué cette institution de la censure aux affranchissements : le maître qui voulait mettre son esclave en liberté, l'amenait devant le censeur, et si celui-ci admettait la déclaration, la *professio*, de l'esclave qui se présentait à lui comme citoyen, et consentait à l'inscrire comme tel, il y avait un véritable affranchissement. Les anciens jurisconsultes se demandaient si la liberté, en pareil cas, datait du moment de la *professio* ou si elle n'existait véritablement qu'à partir de l'instant où le recensement était terminé. Dosithée, qui nous révèle cette controverse, ne nous donne pas son avis, 19 ; en tout cas, comme ce n'était qu'à Rome que se faisait le cens, la question ne pouvait pas s'élever en province. Du reste, elle n'a qu'un intérêt historique. L'usage du cens se perdit dès les premiers temps de l'Empire; le dernier recensement eut lieu en l'an 78, sous Vespasien, et dès lors ce mode d'affranchissement ne fut plus praticable ; nous verrons cependant qu'il fut, quelques siècles plus tard, remplacé par un mode nouveau.

3° *Testament.*

Le maître pouvait aussi affranchir par acte de dernière volonté, testament ou codicille. Tantôt il le faisait directement, tantôt il chargeait simplement son héritier d'opérer l'affranchissement. Dans le premier cas, l'affranchissement avait lieu de plein droit, par le seul effet de l'adition d'hérédité, à moins que le défunt ne l'ajournât par l'apposition d'un terme ou d'une condition. Dans le second, il n'y avait pas, à vrai dire, affranchissement testamentaire, et l'esclave devait attendre que l'héritier, exécutant les ordres du défunt, lui donnât la liberté suivant un des modes ordinaires, *vindicte*, *cens*, etc., et c'était l'héritier et non le testateur qui devenait son patron. On nommàit *Libertus Orcinus* celui qui était directement affranchi, parce que son patron était *ad orca*, aux enfers.

Ce mode d'affranchissement, où le maitre ne se dépouillait que pour une époque postérieure à sa mort, avait enfanté de grands abus. Pour se donner un faux air de libéralité et s'assurer à leurs funérailles un long cortège d'affranchis, les propriétaires avaient pris l'habitude d'accorder la liberté par testament à une masse d'esclaves, souvent indignes du titre de citoyen. Pour porter remède à ce mal, la loi *Furia Caninia*, rendue en l'an 8, fixa en chiffres le nombre d'esclaves qu'on pouvait affranchir par testament : qui a trois esclaves, ne peut donner la liberté qu'à deux ; qui en a de quatre à dix, peut l'accorder à la moitié ; de onze à trente, au tiers (mais naturellement au moins cinq) ; de trente à cent, au quart (bien entendu toujours dix); de cent à cinq cents, au cinquième (toujours au moins vingt-cinq) ; mais jamais on ne peut dépasser le nombre de cent. Si le testateur a excédé le chiffre légal, on réduira par ordre d'inscription des esclaves affranchis, et si, pour éluder cette mesure, il les a inscrits en rond, de manière qu'il n'y ait ni premier ni dernier, tous les affranchissements sont nuls.

Sous Justinien, le titre de citoyen avait perdu presque tout son prestige et presque tous les priviléges qui s'y rattachaient jadis. Aussi ne faut-il pas s'étonner qu'il ait aboli la loi *Furia Caninia*, et fait rentrer les affranchissements testamentaires sous l'empire du droit commun, *Inst.* I, 7.

4° *In Ecclesiis.*

C'est Constantin qui établit ce nouveau mode d'affranchissement : le maître conduisait ses esclaves à l'église, et là, en présence des fidèles, il déclarait à l'évêque son intention de les mettre en liberté ; après quoi, on dressait acte de ce qui s'était passé, L. un. au C. Théod., *De manum. in Ecclesia*, L. 1 et 2 au C. de Just., *De His qui in Eccles.*

On découvre ici l'origine première des efforts tentés par l'Eglise pour s'arroger la rédaction de actes de l'état civil ; il y aurait injustice à passer sous silence le parti qu'au moyen âge le clergé sut tirer de ce mode de manumission, et à oublier les nombreux affranchissements que par là il arracha à la piété des fidèles.

§ 2. *Modes non solennels d'affranchissement.*

Ces modes étaient extrêmement variés ; on peut même dire que leur nombre était illimité : de quelque manière que le maître manifestât son intention d'affranchir son esclave, du moment que sa volonté n'était pas douteuse, il y avait affranchissement valable. Les Institutes nous citent quelques exemples de modes non solennels, le Code en indique quelques autres ; mais je crois qu'il n'y a là rien de limitatif, et que, du moment que la conduite du maître envers l'esclave prouvait nettement son intention de l'affranchir, la loi reconnaissait sa mise en liberté. Tels étaient : 1° l'affranchissement *inter amicos*, quand on déclarait l'esclave libre en présence d'un certain nombre d'amis : Justinien exigea qu'il fût dressé acte de cette déclaration et qu'on fît signer par cinq témoins ; 2° l'affranchissement *per epistolam*, quand on annonçait par une lettre à l'esclave sa mise en liberté: Justinien voulut que la lettre portât également la signature de cinq témoins. C'était en quelque sorte faire · de ces modes des modes solennels. J'ajouterai comme exemples le cas où le maître donnait à l'esclave le titre de fils dans un acte public, celui où il le faisait asseoir à sa table, celui enfin où, avant de mourir, il l'autorisait à accompagner ses funérailles coiffé du bonnet de la liberté ou à éventer son cadavre sur son lit de mort, L. un., §§ 5 et 10, *De Lat. Lib. Toll.*, Code.

Faut-il ranger l'adoption parmi les modes d'affranchissement, et, en cas d'affirmative, est-ce un mode solennel?

Sans le § 12 *de Adopt.*, aux Institutes, je répondrais hardiment : Non, l'adoption étant ici complètement impossible d'après les principes ; l'adoption proprement dite, puisque le maître avait déjà sur l'esclave la *potestas*, l'adrogation, parce que nous ne nous trouvons pas ici en présence d'un *paterfamilias*. Mais Justinien nous dit en termes formels que tous les anciens auteurs, et notamment Caton, voyaient dans l'adoption de l'esclave par le maître une émancipation tacite, et je m'explique volontiers cette opinion, fort pratique, sinon fort logique. Il était naturel qu'on permit au maître satisfait de son esclave, de modifier la nature du lien qui les unissait, et de substituer la *patria potestas* à la *potestas dominica*; sans doute, il ne s'agissait pas ici, comme dans l'adoption ordinaire, d'introduire uu nouveau membre dans la famille ; mais on y faisait entrer un nouveau fils, et, à ce titre, l'adoption n'était plus si contraire aux principes. Cette faveur s'explique aisément, et on ne doit pas trop s'étonner que le législateur ait été disposé à porter pareille atteinte aux règles fondamentales de la matière. J'admets donc le texte des Institutes, et je ne me rangerai pas à l'opinion de Puchta, qui accuse Justinien d'avoir inexactement reproduit un passage d'Aulu-Gelle (V. 19), où l'on suppose que le maître, en donnant son esclave en adoption à un tiers, l'a implicitement affranchi, attendu que l'adoption dans laquelle l'adoptant revendique l'adopté pour son fils renferme, comme l'émancipation, une *cessio in jure*. Sans contester le bien fondé de cet argument, je repousse la rectification de Puchta, parce qu'il me semble impossible de voir ici une pareille erreur de texte, parce que c'est bien l'adoption par le maître lui-même que vise Justinien, parce que c'est l'analogie de cet acte avec l'appellation de fils donnée à l'esclave qui l'a décidé à attacher à ce dernier acte les conséquences déjà anciennement inhérentes au premier.

Voilà donc encore un article à ajouter à notre liste des modes d'affranchissement; mais dans quelle classe le ranger, parmi les modes solennels, ou parmi les autres ? Il me semble que c'est parmi les modes non solennels; c'est, nous l'avons dit, par une interprétation bienveillante, plutôt qu'en vertu d'une manifestation expresse de la volonté du maître, qu'on voit dans l'adoption un mode d'affranchissement, mode en conséquence non solennel. C'est à propos des anciens modes non solennels, de ceux qui ne conféraient d'abord qu'une liberté de fait, et plus tard que la Latinité, que Justinien en parle ; et, si cela ne suffit pas, voici Théophile qui déclare que « l'adoption en tant qu'adoption est nulle, parce que l'adopté doit être un homme libre ; que cependant elle produit l'affranchissement parce qu'elle prouve chez le maître l'intention évidente d'affranchir. » Comment d'ailleurs s'expliquer autrement que, parmi les textes innombrables qui énumèrent les modes solennels, il ne s'en trouve pas un qui parle de l'adoption? Preuve évidente que ce n'en est pas un.

§ 3. *Conditions exigées pour l'affranchissement.*

A. *Chez le maître qui affranchit.*

L'affranchissement consistant dans la renonciation du maître à tous ses droits sur l'esclave, est une aliénation et une aliénation de la plus haute importance. Pour pouvoir l'effectuer, il faut donc : 1° être propriétaire de l'esclave ; 2° avoir la capacité légale d'aliéner les choses *mancipi*.

1° *Propriété dé l'esclave.*

A l'époque où l'on distinguait deux espèces de propriétés, c'était au maître qui avait l'esclave *in bonis*, qu'appartenait le droit d'affranchir ; mais l'affranchissement opéré par lui ne donnait que la qualité de Latin ; pour que l'esclave devînt citoyen, il fallait que le maître eût le *plenum jus Quiritium*.

Si l'esclave a plusieurs maîtres, l'affranchissement opéré par l'un d'eux ne saurait lui profiter, puisque le droit des autres n'est pas éteint : la renonciation ne produira donc que l'accroissement de sa part à l'avantage des autres. Si l'un des associés tient à ce que son affranchissement profite réellement à l'esclave, il peut, d'après une constitution de Sévère et Antonin, L. 1, *pr. Cod. De communi servo*, obliger ses coassociés à lui céder leurs parts moyennant une indemnité à fixer par le préteur, et disposer alors de lui comme seul et unique propriétaire. Justinien, l. 1, *ej. tit.*, § 5, enlève au préteur la fixation de cette indemnité et établit lui-même un tarif, dont les chiffres varient suivant la sexe, l'âge et les talents de l'esclave ; il décide même que jamais, en pareil cas, il n'y aura plus lieu au droit d'accroissement ; on supposera donc chez l'associé qui affranchit, l'intention de racheter la part de ses coassociés, § 7.

Quand l'un des coassociés affranchissait par un mode non solennel, l'acte qu'il faisait, était complètement nul, et cette décision dut se maintenir, même après que la loi Junia Norbana fut venue légaliser ces modes d'affranchissements. Quelques auteurs avaient voulu appliquer ici le droit d'accroissement; mais c'était à tort, car en conférant la qualité de Latin, le maitre n'accordait qu'un bénéfice viager, ne renonçait à son droit que durant la vie de l'esclave ; au moment du décès, son droit reparaissait, et on ne pouvait pas dire qu'il y avait renoncé au profit de ses coassociés ; cette opinion, qui a pour elle la logique, finit par l'emporter, et les textes qui nous sont parvenus, ne mentionnent l'autre que pour mémoire, Dosith. 12, Ulp. 1, 18, Paul, IV, 12, 1.

Le propriétaire peut exercer son droit d'affranchissement, alors même que l'esclave se trouve soumis à un droit d'usufruit, en respectant toutefois la position de l'usufruitier, qui n'a pas à se préoccuper de l'affranchissement et continue à traiter l'es—clave comme par le passé. Dans l'ancien droit, tant que l'usufruit n'était pas éteint, on considérait l'esclave comme *servus sine domino*, et quelques auteurs croient même que plus tard il devenait simplement Latin, et non citoyen, Dosith. ,13 ; j'ignôre complètement ce qui pouvait motiver cette déchéance, et je ne crois pas qu'il faille tirer cette décision d'un passage à moitié illisible de Dosithée. Justinien décide que désormais l'esclave ne sera plus *servus sine domino,* mais qu'on le considérera immédiatement comme affranchi. En conséquence, il aura la capacité de l'homme libre et profitera de tous ceux de ses actes qui ne seront pas absorbés par le droit de l'usufruitier, l. 1, au C. *pr*. Au contraire, l'usufruitier n'ayant pas la *potestas* est incapab le d'affranchir, et l'affranchissement qu'il effectuerait, ne vaudrait que comme une renonciation à son droit, renonciatiation qui, laissant complètement intact le droit du nu-propriétaire, ne modifierait en rien la condition de l'esclave. Toutefois, si l'usufrui—tier n'avait pas expressément renoncé à son droit en faveur du nu-propriétaire, celui-ci ne devrait pas en tirer profit et l'esclave resterait exempté vis-à-vis de lui de tous les devoirs et services qui rentraient dans les attributions de l'usufruit, l. 1, au Code.

Si l'esclave est soumis à un droit de gage ou d'hypothèque, il faut distinguer suivant qu'il s'agit d'un engagement spécial ou d'un engagement général : ce n'est que dans le premier cas que

le droit d'aliénation, et, par conséquent, le droit d'affranchissement se trouve éteint. Toutefois, si les créanciers privilégiés y
consentent, le maître pourra valablement affranchir, même
avant de s'être acquitté de sa dette, l. 27, § 1, *qui et a quibus.*

Il ne fallait pas que les affranchissements, quelque favorables qu'ils fussent d'ailleurs, permissent aux maîtres d'esclaves
de tromper l'attente de leurs créanciers : c'est dans ce but que
la loi annulait les affranchissements faits en fraude de leurs
droits. « On considère l'acte comme frauduleux, disent les Institutes VI, 3, lorsque le maître de l'esclave le met en liberté,
quoiqu'il soit insolvable ou que cet acte doive produire son in-
solvabilité. » La jurisprudence, interprétant le texte de la loi,
exigea qu'il y eût intention frauduleuse de sa part, et s'attacha
moins au résultat de l'acte qu'à l'intention qui l'avait dicté. Ces
principes furent étendus aux manumissions faites en fraude des
droits des patrons, qu'on regarda comme munis d'une espèce
de créance, Ulp. I, 15, et à celles faites par des pérégrins en
fraude des droits de leurs créanciers citoyens romains ; c'est un
sénatus-consulte rendu sous Adrien qui étendit aux pérégrins
cette dispositions de la loi Ælia Sentia, Gaïus, I, 47.

La règle que nous venons de poser relativement aux affranchissements frauduleux, souffrait exception lorsqu'il s'agissait
de sauvegarder l'honneur du maître qui, pour éviter l'infamie
d'une vente aux enchères publiques faite sous son nom après
son décès, désignait pour lui succéder l'un de ses esclaves. Celui-ci obtenait par là sa liberté, et c'était en son nom que se
faisait la vente ; l'intérêt des créanciers se trouvait lésé, mais
l'honneur du débiteur était sauf : étrange point d'honneur,
vraiment, qui s'attachait uniquement à la forme et vous permettait de mourir insolvable, pourvu que votre nom ne figurât
pas dans la procédure d'expropriation !

2° *Capacité d'aliéner les choses* mancipi.

Si le propriétaire de l'esclave n'a pas la capacité exigée pour
l'aliénation des choses *mancipi*, il ne peut l'affranchir. Ainsi les
pupilles, ainsi la femme en tutelle, ainsi le fou et le prodigue,
ainsi enfin le sourd et le muet (du moins pour l'affranchissement
vindicta, car l'affranchissement *inter amicos* et *per epistolam*
lui était permis, Paul, IV, 12, 2.)

La loi *Ælia Sentia*, pour empêcher l'abus des affranchissements, avait étendu jusqu'à vingt ans l'incapacité fondée sur le défaut d'âge, et prolongé ainsi la minorité de quelques années. Si donc le maître avait moins de vingt ans, l'affranchissement était nul ; par exception, il pouvait recourir à la *vindicta*, en justifiant d'une cause légitime devant un conseil, qui était composé à Rome de cinq chevaliers et cinq sénateurs, G. I, 20, et, dans les provinces, de vingt *récupérateurs*, citoyens romains. Il y avait cause légitime lorsque le maître voulait affranchir un esclave auquel le rattachaient des liens intimes, tels que son père, sa mère, son frère, sa nourrice, son précepteur, ou bien quand il voulait l'affranchir pour en faire son procureur, ou pour l'épouser. La cause une fois approuvée, le conseil ne pouvait plus revenir sur sa décision, lors même qu'il eût été trompé. Cette nécessité de l'approbation du conseil ne dispensait pas l'impubère de l'autorisation du tuteur, L. 9, § 1, *De auctor. et consensu*.

Cette exception n'était établie par la loi *Ælia Sentia* que pour l'affranchissement *vindicta*. Cependant, Gaïus nous apprend que, même pour l'affranchissement *inter amicos*, le mineur devait obtenir l'approbation du conseil ; et au Digeste, L. 27, *De manum. testam.*, je trouve un texte de Paul qui, dans le cas où l'affranchissement devant le conseil serait possible, autorise le mineur à instituer son esclave comme héritier nécessaire et à l'affranchir ainsi implicitement. C'est là une décision qui me semble bien peu en harmonie avec l'esprit de la loi *Ælia Sentia* ; cependant Dosithée, § 13, ne la contredit pas, et il faut croire qu'en faveur des affranchissements, les auteurs s'étaient ainsi écartés de la rigueur des principes. Au reste, Justinien modifia profondément cette loi en ce qui touche l'affranchissement testamentaire. Il y avait quelque chose d'étrange à ce que le pubère, capable de disposer de l'universalité de ses biens par acte de dernière volonté, ne pût cependant pas avant l'âge de vingt ans affranchir son esclave. Frappé de cette anomalie, l'empereur voulut du moins en atténuer la portée en avançant la limite de trois ans ; mais ce n'était là qu'un demi-remède, et Justinien alla beaucoup plus loin dans sa Novelle 119, ch. 2 : «Le mineur

peut affranchir par testament dès l'âge où il est **capable de tes-**
ter, c'est-à-dire à partir de la puberté.»

Outre les incapacités ordinaires, je dois, pour être complet,
citer encore quelques incapacités spéciales à notre matière. Les
individus accusés d'un crime capital ne peuvent affranchir. même avant d'être condamnés, L. 8, § 1, *De manum.*, et L. 15 pr.
qui et a quibus; de même ceux condamnés en vertu de la loi
Cornelia, ou sur le point de l'être, L. 8, § 2, *De man.* C'est
qu'il s'agit là de crimes emportant confiscation.

B. *Conditions exigées de la part de l'esclave.*

En général, tout esclave pouvait être valablement affranchi.
Cependant la législation romaine présente quelques exceptions
dont je dois m'occuper ici. Ainsi, l'esclave peut avoir été vendu,
donné ou légué à condition qu'il ne serait pas affranchi, condition dont la violation donnait lieu à la nullité de l'affranchissement, L. 9, § 2, *qui et a quibus.* Les esclaves, accusés ou témoins, qui sont sujets à la torture, ne peuvent également pas
être affranchis de peur que leur maître, peut-être leur complice,
ne cherche dans leur mise en liberté un moyen de les soustraire
à ce mode d'instruction et d'entraver l'action de la justice. C'est
ainsi que la loi *Julia de Adulteriis* défend l'affranchissement
de l'esclave dont la maîtresse est accusée d'adultère, Paul II,
XXVI, 9; L. 12, 13 et 14, *De adult.* Ainsi la loi *Favia* prohibe
pendant dix ans l'affranchissement de l'esclave qui viole ses
dispositions. Faut-il, d'après Paul III, V, 6, dire que si le maître a été tué, l'affranchissement testamentaire de l'esclave qui
habitait sous le même toit que lui, sera nul? Je ne le crois pas;
le texte se contente de dire qu'en dépit de l'affranchissement il
sera soumis à la torture ; j'en conclus simplement que sa mise
en liberté sera provisoirement suspendue, jusqu'à ce que le procès soit terminé. C'est ainsi encore que la loi *Ælia Sentia* qui
n'accorde que la qualité de *deditice* à l'affranchi frappé
de certaines peines pendant la servitude, interdit complètement l'affranchissement *vindicta* de l'esclave âgé de moins
de trente ans ; elle l'autorise cependant quand il a lieu par la
vindicta avec approbation de cause par le conseil. Que devien-

dra donc l'esclave quand cette approbation n'aura pas été obte-
nue ou quand on aura eu recours à quelque autre mode? Questions hérissées de difficultés : les textes que nous possédons se
contentent de dire que l'esclave ne devient pas citoyen. Faut-il
conclure de là que l'opération était nulle, ou bien que l'affranchi
ne devenait que Latin? Gaïus, I, § 29 et 31, se prononce pour ce
dernier parti, sans distinguer entre les divers modes d'affranchissement; Théophile, I, Titre 5, § 4. est complétement de son
avis, et Dosithée, qui admet la Latinité même quand l'affranchissement du mineur de 30 a eu lieu *inter amicos*, l'admettait à plus forte raison quand il avait lieu par un des modes solennels. Malheureusement un passage fort obscur d'Ulpien, I,
§ 12, semble démentir ces solutions, et établit entre les divers
modes d'affranchissement d'étranges distinctions. A lire ce texte,
on croirait que le mineur de trente ans, affranchi par la *vindicta* sans approbation de cause, reste esclave, tandis qu'affranchi par testament, il devient Latin ; quant à la *manumissio
censu*, il n'en est pas question. Je n'essaierai pas d'énumérer
les innombrables rectifications qui ont été proposées pour concilier cette solution avec les idées généralement reçues: les dimen-
sions de ce travail n'y suffiraient pas. Qu'il y ait une altération,
c'est incontestable ; laquelle, c'est ce que j'ignore, et ce que, jusqu'à nouvel ordre, il faut renoncer à savoir. Toujours est-il bien
certain que l'affranchissement testamentaire conférait la Latinité
aux mineurs de trente ans ; ajoutons que l'affranchissement *vindicta sine causæ probatione* produisait le même effet. Gaïus,
Dosithée, Théophile le disent, et Ulpien, dans les premières
lignes de ce fameux passage, ne dit pas autre chose. *Civis Ro-
manus non fit*, voilà ses expressions; c'est à-dire que l'esclave
n'acquiert pas la cité, mais non que l'affranchissement est
nul. Ce n'est pas ainsi qu'on s'exprime quand il y a nullité.
(Voir le § suivant.) Si ensuite le texte déclare que l'esclavage
continue, c'est là une contradiction flagrante avec ce qui précède et
surtout avec les autres documents qui nous sont parvenus. Cette
contradiction, si regrettable qu'elle soit, ne doit pas nous arrêter,
car ce passage est évidemment altéré et ne saurait être sérieusement invoqué. Disons donc hardiment que notre esclave de-

vient Latin Junien, et quelle raison, je le demande, de mieux le traiter quand il est affranchi par testament que lorsqu'il l'est par la *vindicte?* Reste le cens, dont le texte ne parle pas, parce que ce mode était déjà tombé en désuétude : nous adoptons ici la même décision. Quand plus tard l'affranchissement dans les églises se fut introduit dans les mœurs, la question ne put pas se présenter, car nulle condition d'âge ne fut imposée, L. 2 au C., *De liber. causa.*

SECTION II.

Affranchissement par la volonté de la loi.

Les cas où l'esclave recevait la liberté de la main du législateur, sans qu'il fallût un acte d'affranchissement du patron, sont disséminés dans une foule de textes épars de tous côtés.

1° Un édit de Claude déclarait libre l'esclave que son maître abandonnait pendant une maladie pour n'avoir pas à le soigner, L. 2 *qui sine manumiss.;*

2° Un rescrit de Marc-Aurèle décidait que l'esclave vendu à condition qu'il serait affranchi dans un certain délai, deviendrait libre de plein droit, si, le terme expiré, l'acheteur n'exécutait pas son engagement, L. 1 et 3, *ej. tit.;*

3° L'esclave qui dénonçait le meurtre de son maître, recevait du préteur la liberté, L. 5. Cela avait déjà été établi par un sénatus-consulte Silanien, sous Auguste;

4° Par une constitution de Justin et Justinien, même faveur est accordée à la femme esclave vendue sous la condition qu'elle ne serait pas prostituée, quand l'acheteur manque à sa promesse, ou laisse prostituer l'esclave bien qu'il puisse l'empêcher, L. 7 ;

5° Sous Trajan, plusieurs lois chargèrent les magistrats, en cas d'affranchissement fidéicommissaire, de proclamer eux-mêmes la liberté de l'esclave, lorsque celui qui était chargé de l'affranchir, cherchait à se soustraire à son obligation par la fuite (sc. Rubrianum, sc. Dasumianum), ou se trouvait momentanément absent pour une juste cause, ou habitait une autre province (sc. Articuleianum). Un sénatusconsulte Vitrasianum, dont la date

est incertaine, chargeait également le magistrat de l'affranchissement, lorsque le fidéicommissaire était un enfant, partant incapable d'affranchir, L. 28, 30, 51, *De fideic. lib.*;

6° L'esclave qui dénonçait de faux monnayeurs, devenait libre, L. 2, au C. *pro quibus causis*, et le fisc indemnisait le maître:

7° De même celui qui entrait dans les ordres ou dans l'armée
au su de son maître, L. 4, § 6 au C. *De bon. libert.*; et même
pour l'entrée dans les ordres, on n'exigeait pas toujours le consentement du maître, Nov. 5, ch. 2, § 1, Nov. 123, ch. 17.

CHAPITRE V.

Effets de l'affranchissement.

SECTION I.

Eff ts de l'affranchissement proprement dit.

La distinction des modes solennels et des modes non solennels
serait bien oiseuse si les effets qui découlent des uns et des autres
étaient identiques; mais tel n'est pas le cas. A l'origine les modes
solennels seuls produisaient réellement la liberté et transfor-
maient l'esclave en homme libre ; les autres ne donnaient qu'une
liberté de fait, qui, ne trouvant pas de protection dans la loi, pouvait cesser au gré des caprices du maître; légalement, l'affranchissement était nul, et, si l'esclave était libre en fait, c'était au patron
que profitaient toutes ses acquisitions, Dosithée, 7; heureux encore quand le patron ne se prévalait pas de la nullité de l'acte
pour le réintégrer dans son premier état. La seule application
des principes amenait ainsi quelquefois de fâcheux résultats et
permettait au maître de violer sa parole, de reprendre une concession qu'il avait faite définitive dans le principe. Cette souveraine injustice ne tarda pas à fixer l'attention du préteur, le re-
dresseur des torts du droit civil. Bientôt il prit l'habitude d'intervenir en faveur des affranchis et de faire respecter par les maîtres
la liberté de fait qu'ils leur avaient accordée, Dosith. § 12.
Mais ce n'était qu'à la servitude corporelle, aux services matériels, que s'appliquait la protection prétorienne; quant aux acquisitions, quant aux stipulations, quant à tous les actes de la

vie civile interdite à l'esclave, l'individu dont nous parlons, en restait incapable. Cet état de choses dura fort longtemps ; ce n'est que sous l'empire que les lois *Ælia Sentia* et *Julia Norbana* vinrent réglementer et placer sous l'empire dn droit civil la position de ces affranchis. C'est ici le lieu d'étudier ces deux lois importantes.

La loi Ælia Sentia date de l'an 757; mais on ne sait si la loi Julia Norbana lui est antérieure ou non. La difficulté naît de ce que les fastes consulaires nous montrent deux consuls du nom de Junius Norbanus à deux époques assez éloignées, l'un sous la république, en l'an 671, l'autre en 772, sous le règne de Tibère ; mais, tout bien considéré, c'est, je crois, à la seconde de ces deux époques qu'il faut la rapporter. A s'en tenir aux textes, on ne trouve sur cette question qu'obscurité et contradiction : tandis que Gaïus, I, 18 et 41; Ulpien, I, 12 ; III, 3; et Dosithée, 13, semblent donner l'antériorité à la loi Ælia Sentia; d'autres passages des mêmes auteurs, Gaïus, I, 29, 31 ; III, 73, 76 ; Dosithée, § 18 ; Ulpien, III, § 4, semblent établir que c'est la loi Junia qui est la plus ancienne. Cependant, pour qui lit sans prévention le § 15 d'Ulpien, il devient évident que cette seconde opinion n'est pas admissible. Si la loi Junia n'était pas venue la dernière, comment expliquer la solution qu'elle donne, comment comprendre que la loi Ælia Sentia n'eût reconnu qu'une pure liberté de fait et non la Latinité dans l'affranchissement du mineur de trente ans? C'est impossible, et c'est bien parce que la loi Junia est postérieure, que le jurisconsulte a soin d'ajouter : *ideoque Latinus fit* ; c'est comme s'il disait : « Mais aujourd'hui que la loi Junia Norbana est survenue, il sera Latin, et non plus simplement *in libertate.*

Le § 18 de Gaïus nous offre un autre argument très-puissant. Nous savons que la *causæ probatio* fut instituée à l'origine dans l'intérêt du mineur de 30 ans, que plus tard seulement on permit à d'autres de s'en prévaloir ; or, d'après les termes de notre § 18, il est hors de doute que c'est la loi Ælia Sentia qui a introduit cette condition de la majorité, en ne laissant que la liberté de fait à ceux qui ne la remplissaient pas. S'ils eussent obtenu la Latinité, notre paragraphe l'eût certainement déclaré ;

ce silence est significatif, surtout quand on l'oppose aux §§ 29 et 31, où les Latins ne sont pas omis. Et que répondre au fragment 10, de Dosithée, où il est dit que la loi Junia maintient toutes les restrictions établies par les lois contre le droit d'affranchir: quelles lois, sinon les lois Ælia Sentia et Furia Caninia, toutes deux postérieures à l'an 671, restreignent la liberté des affranchissements? L'enchaînement logique des faits montre d'ailleurs que la loi Ælia a dû précéder sa sœur ; c'est quand elle eut si notablement augmenté le nombre des per onnes *in libertate*, que le législateur sentit le besoin de réglementer cet état précaire et incertain, et c'est la loi Junia qui s'en chargea. C'est aussi parce qu'elle est la plus ancienne que Gaïus, dans son § 80, place la loi Ælia avant la loi Junia, détail puéril si l'on veut, mais qui, suivant moi, a ici son importance.

Je n'ignore pas les graves objections qui peuvent m'être faites, et j'avoue que j'ai longtemps hésité à la lecture des §§ 29 et 31 de Gaïus, où il est question de Latins *ex lege Ælia Sentia*. J'ai cependant fini par me convaincre qu'il n'y a là qu'une inexactitude de langage, que Gaïus, en envisageant les choses au point de vue de son temps, où effectivement les individus *ex libertate* en vertu de la loi Ælia Sentia étaient des Latins, ne faisait que constater un fait sans vouloir en indiquer l'origine; usage fréquent dans les expositions dogmatiques, où les Romains aimaient à rattacher à un principe toutes les conséquences qui en étaient ultérieurement découlées. C'est la seule manière raisonnable de concilier la contradiction apparente des §§ 29 de Gaïus, et 3, III, d'Ulpien. Si l'un attribue la disposition en question à la loi Ælia Sentia, l'autre à la loi Junia, c'est que toutes deux s'en seront occupées, la première pour l'établir, la seconde pour la remanier en l'adaptant au nouvel état de choses créé par elle. C'est ainsi encore que je m'explique comment Gaïus parle de *causæ probatio* pour l'enfant né du mariage de l'individu protégé par la loi Ælia Sentia. Si cet individu est simplement *in libertate*, c'est qu'il n'y a pas encore de Latinité. Comment, me dira-t-on, y a-t-il pour lui légitime mariage? C'est vrai, répondrai-je, mais ce n'est qu'en se plaçant sous la législation de son temps que Gaïus parle ainsi; ce n'est que parce qu'à son époque l'individu en question était Latin, que Gaïus parle de mariage ; dans les premiers temps, le simple *contubernium* suffisait, et c'est au *contubernium* que se référait la loi Ælia.

L'opinion que je soutiens ici, a pour elle la majorité des auteurs ; c'est avec regret que j'ai vu que M. Demangeat ne la partage pas. Suivant lui, le contraire ressort nettement du § 12 de Dosithée, où il est dit : *Lex Junia quæ Latinorum genus introduxit* ; mais si, ce qu'on n'a jamais songé à nier, la loi Junia a créé cette nouvelle classe de personnes, cela prouve-t-il en aucune façon qu'elle soit antérieure à loi Ælia ?

Ce débat historique vidé, revenons à l'étude de ces deux lois.

A l'origine, pour qu'un affranchi devînt citoyen romain, il suffisait de la réunion de deux conditions :

1° Existence de la propriété quiritaire chez le maître qui affranchissait ;

2° Emploi d'un mode solennel d'affranchissement.

A la fin de la république, les affranchissements s'étaient tellement multipliés que le titre de citoyen, si précieux jadis, était exposé à perdre sa valeur et son éclat. Pour remédier à cet abus, on chercha à en rendre la concession plus difficile, et la loi Ælia Sentia vint ajouter quatre nouvelles conditions :

1° Le maître devait avoir vingt ans accomplis ;

2° L'esclave devait être âgé d'au moins trente ans ;

3° L'affranchissement ne devait pas être fait en fraude des créanciers ;

4° L'esclave ne devait pas être *in causa dedititii.*

Nous connaissons déjà ces diverses conditions ; si nous les rappelons, ce n'est que pour montrer combien la loi nouvelle élargissait le cercle des individus *in libertate*, des esclaves jouissant d'une liberté de fait, sans être cependant affranchis. Plus leur nombre augmentait, plus il était urgent de régulariser cette position : c'est ce que comprirent les auteurs de la loi Junia Norbana, qui leur accorda légalement et définitivement la liberté mais une liberté limitée et restreinte, et fit d'eux une classe d'hommes à part. Les Latins furent placés dans une situation intermédiaire.

entre les citoyens proprements dits et les *deditices* de la loi Ælia Sentia. Le nom même que portait cette classe d'affranchis, nous donne la clef de leur position : ils étaient assimilés aux habitants des anciennes colonies du Latium, et c'est pour cela qu'on les appelait *Latins ;* on ajoutait l'épithète *Juniens* empruntée à la loi qui créait cette nouvelle classe, pour les distinguer des Latins primitifs, des *Latins coloniaires.*Toutes ces distinctions sont abolies par Justinien, qui ne reconnaît plus qu'une seule espèce de liberté, la liberté pleine et entière des *cives :* l'affranchissement confère toujours et partout le droit de cité.

C'est donc avant lui qu'il faut nous placer pour examiner en détail la condition de ces trois classes d'affranchis, les *cives,* les *Latini* et les *deditl ii.*

§ 1. *Cives.*

Les affranchis citoyens romains avaient la jouissance et l'exercice de tous les droits civils et politiques, car déjà Servius Tullius les avait admis dans les centuries, et plus tard Appius Claudius Cœcus les répartit entre les quatre tribus urbaines. En principe donc, assimilation complète entre les citoyens ingénus et les affranchis citoyens. Cependant cette égalité admise en droit eut de la peine à passer dans les mœurs, et ce n'est que sous Justinien que nous voyons les dernières nuances s'effacer. Ainsi les ingénus avaient seuls autrefois le droit de porter l'anneau d'or, et ce n'était que par une faveur spéciale de l'empereur qu'un affranchi pouvait l'obtenir. Justinien, seulement, dans la Novelle 78, ch. 1, accorde aux affranchis le *jus annulorum.* Assez longtemps aussi le mariage fut prohibé entre affranchis et ingénus : ce n'est que la loi Julia *de maritandis ordinibus* (de l'an 757) qui l'autorisa, sans cependant permettre à l'ancien esclave d'épouser sa patronne ou la fille de sa patronne, à moins qu'elles ne fussent de basse extraction, 1 13, *de ritu nupt.,* Paul, II, XIX. Il fallait aussi, sous peine de nullité, un rescrit impérial pour le mariage de l'affranchi avec un membre d'une famille sénatoriale, l. 31, l. 42, § 1, et l. 44, *de rit. nupt.*

Sauf ces exceptions, l'affranchi était complètement assimilé par la loi à l'ingénu ; naturellement on conçoit que, dans les relations sociales, l'affranchi, en souvenir de son passé, cédât le pas à l'ingénu, et eût plus d'une fois à souffrir d'allusions blessantes ; puis, réduit généralement à vivre du métier qu'il exerçait comme esclave, il se trouvait par là dans une sorte d'infériorité aux yeux des Romains si dédaigneux pour les travaux manuels. Mais en droit la parfaite égalité des deux classes n'en était pas moins reconnue. Ce n'est pas à dire cependant qu'entre le patron et l'affranchi tout lien fût rompu ; le lien qui les unissait autrefois, s'était singulièrement relâché, il était même devenu imperceptible dans les rapports habituels de la vie ; mais il y avait cependant quelques circonstances où on le retrouvait, où l'affranchi était tenu de certaines obligations envers le patron. Ces droits de patronage se résument ordinairement en ces trois termes : *obsequium*, respect dû au patron ; *operæ*, services qu'il pouvait exiger; *bona*, droits de succession qu'il exerçait. Développons chacun de ces points.

A. *Obsequium.* — L'affranchi doit au patron, qui lui a donné la vie civile, le même respect que le fils au père, qui lui a donné la vie naturelle *Liberto et filio semper honesta et sancta persona patris ac patroni videri debet*, dit la l.9. *de obseq. par. et patr. præst.* En vertu de ce principe, l'affranchi ne peut exercer contre le patron aucune action infamante, et même aucune action dans laquelle sa bonne foi serait mise en suspicion, *de dolo*, *injuriarum*: si ces dernières ne sont pas infamantes dans le sens légal du mot, en fait cependant elles nuisent à la considération de celui contre qui elles sont victorieusement intentées, l. 2, *pr.*, l. 5, *in fine*, l. 6 et l. 7, *pr.* Ainsi pas d'action de dol, pas d'action d'injures, pas d'action *furti*, pas d'action *vi bonorum raptorum* ; l'affranchi n'a pas même la ressource de la *querela calumniæ* contre le patron qui lui a sciemment intenté un mauvais procès, l. 7, § 4 ; il ne peut pas protester quand le patron révoque ses donations, *fragm. vatic.*, § 272. Il n'a pas davantage l'exception de dol, ni l'exception *vis* ou *metus causa*, ni l'interdit *unde vi*, pourvu cependant que la violence n'ait pas eu lieu à main armée, l. 1, § 43, *De Vi.* De même encore, il lui faut l'autorisation du préteur pour pouvoir appeler son patron en justice, et dans tous les cas la condamnation ne sera jamais que *in quantum facere potest*. Par les mêmes raisons de convenance, l'affranchi ne peut s'exempter de la tutelle des enfants de son patron ni *nominare potiorem, fragm. vatic*, 152, 160, ni se prévaloir des dispositions du sénatusconsulte Claudien pour réduire en servitude sa patronne qui entretient des relations avec son esclave, Paul, II. 21 a § 13. Mais on n'allait pas jusqu'à lui défendre de tuer son patron qu'il surprenait en flagrant délit d'adultère avec sa fille, Paul, *Coll. leg. p.* 870, § 5 ; mais le texte ne reconnaît pas le même droit au mari, dont les pouvoirs à cet égard étaient moins étendus.

Enfin, quand le patron tombait dans la misère, l'affranchi lui devait des aliments à lui et à ses enfants, l. 5 § 19, et l. 9, *De agnos. liber*. Mais c'était là une obligation réciproque, et le patron qui refusait des aliments à son affranchi, perdait tout droit de patronage, l. 5, *de jur. patr.*

Du reste, tous ces priviléges étaient personnellement réservés au patron, à ses parents et à ses enfants, je ne dis pas à ses héritiers, l. 5 *pr.*: de sorte que, si ces personnes se font représenter par des mandataires, ceux-ci ne peuvent pas les invoquer, tandis qu'elles peuvent, au contraire, s'en prévaloir lorsqu'elles n'agissent que par représentation de tiers, l. 7, *in f.* Personnels au patron, ces priviléges sont aussi personnels à l'affranchi et ne passent pas contre ses héritiers. l. 8. Par exception, l'héritier chargé d'affranchir un esclave ne jouit que des avantages pécuniaires du patronage ; quant à l'obligation de respect et aux *operæ*, il n'en profite pas, si ce n'est que l'affranchi ne peut le traduire en justice sans l'autorisation du préteur, *fragm. vatic.* 225.

B. *Operæ*. Il arrivait fréquemment que le maître affranchissait son esclave à condition que celui ci s'engageât à lui donner encore après son affranchissement un certain nombre de journées de travail, soit sa vie durant, soit pendant un temps déterminé. C'est ce qu'on appelait *obligatio operarum*, obligation qui, nous avons eu déjà l'occasion de le remarquer, pouvait exceptionnellement naître entre maître et esclave. Au reste, ce n'était là qu'une obligation naturelle, et pour que le maître, devenu patron, eût une action véritable à sa disposition, il fallait qu'après l'affranchissement, alors qu'il avait acquis capacité complète, l'esclave s'engageât formellement envers lui, soit à l'aide d'une *stipulatio*, soit par une *jurata promissio* toute simple. 1 7, *pr. de operis serv.* L'affranchi, en vertu de cet engagement, devait fournir à son maître un certain nombre de journées de travail, de manière cependant à ce que ses intérêts n'en fussent pas trop gravement atteints. Ainsi, il fallait, même pendant ces journées, lui laisser le temps nécessaire *ad quæstum faciendum unde ali possit*, l. 19. La nature des services à rendre dépendait du métier, de la capacité de l'affranchi : chacun, dans sa spécialité, devait exécuter au profit du patron ces travaux ordinaires, habituels, de la maison par lesquels il pouvait lui exprimer sa déférence, ce qu'on appelait les *operæ officiales.* Si, depuis son affranchissement, il a appris quelque nouveau métier, la nature des services se trouvera modifié ; en un mot, dans toute cette matière, on jugera *ex bono et æquo*, l. 16 ; *nec audiendus est patronus si poscit operas, quas vel ætas recusat, vel infirmitas corporis non patiatur, vel quibus institutum vel propositum vitæ minuitur*, dit avec humanité la l. 17; l'âge, la maladie , voilà des causes de dispense, l. 34 et 35. Tenu d'exprimer son respect envers son maître en venant de temps en temps lui prêter son industrie et ses talents l'affranchi n'avait pas à s'humilier, et on n'exigeait pas de lui qu'il fît des travaux serviles, *tales operas exercere debebit quæ non contra dignitatem ejus fuerint*, l. 38 *in f.*; à tel point que son obligation cessait entièrement lorsqu'il obtenait certaines dignités qui rendaient l'exécution difficile, sinon tout à fait incompatible avec sa position, l. 34.

Quand le maître avait imposé à son esclave des conditions contraires à ces principes, le préteur les annulait à l'aide de l'exception *onerandæ libertatis causa factorum*, l. 1, § 5, et suivants. *Quarum rerum actio non datur*, qui eut plus tard pour effet d'enlever au patron la *bonorum possessio contra tabulas.* La Loi Papia vint aussi atténuer les obligations de l'affranchi, qui a deux enfants ou au moins un de cinq ans en sa puissance, l. 37, *De op. lib.* , de la femme affranchie, lorsqu'elle se marie avec le consentement de son patron, l. 14, 28, 30, § 1, 48. *ej. tit.*

Remarquons, en terminant, que cette obligation *operarum*, avec son caractère tout personnel, ne passait pas aux héritiers de l'affranchi, mais s'éteignait avec lui, l. 6, *de op. lib.*.

En principe, tout maître pouvait faire de cette *promissio operarum* la condition de l'affranchissement. Cependant, il en était différemment quand on avait acheté l'esclave avec la clause expresse qu'on l'affranchirait dans un certain temps, quand on était chargé par fidéicommis de mettre un esclave en liberté; car en pareil cas lui imposer cette obligation, c'eût été aggraver sa condition et diminuer d'autant la libéralité du testateur ; enfin, celui qui se faisait adjuger la succession *libertatum servandarum causa*, ne pouvait exiger d'*operæ* de la part des affranchis, parce qu'en réalité ce n'était pas lui qui leur donnait la liberté, et que le vrai patron était le défunt ; ils étaient *liberti orcini*, l. 13, § 1.

'C. *Bona*. — D'après la loi des Douze Tables, la succession de l'affranchi passait à ses héritiers siens ou à l'héritier testamentaire ; à leur défaut, au patron. Mais cela ne s'appliquait qu'à l'affranchi, car la femme affranchie ne pouvant ni tester *calatis comities*, ni avoir d'héritiers siens, le patron et la patronne étaient toujours sûrs de recueillir sa succession ; et quand plus tard on introduisit le testament *per æs et libram*, le patron trouva dans son droit de tutelle un moyen de conserver son droit de succession, puisqu'il lui suffisait de refuser son assistance à sa pupille pour l'empêcher de faire son testament. La patronne, qui n'avait pas la tutelle, se trouva au dépourvu absolument comme vis-à-vis d'un affranchi.

On ne tarda pas à se récrier contre la position qui était faite au patron, non pas vis-à-vis des enfants naturels héritiers siens, mais à l'encontre des enfants adoptifs, et le préteur, tenant compte de la réclamation, lui accorda un droit de succession de moitié ; mais du moment qu'il touchait sa moitié à un titre quelconque, par legs, donation à cause de mort ou même donation entre-vifs, il n'avait plus à réclamer, l. 5, §§ 16. 17, 18 et 19, *de bonis lib.* ; mais il était exclu par la présence d'enfants naturels, même émancipés, même omis dans le testament, pourvu qu'ils fissent valoir leur droit ; ce n'était qu'en cas d'exhérédation ou d'abstention de ces enfants que le patron reparaissait.

Pour protéger le patron contre la fraude de l'affranchi qui aurait aliéné tout ou partie de ses biens pour diminuer d'autant sa succession, le droit prétorien lui accordait l'*actio Faviana*, quand il se trouvait en présence d'un testament, l'*actio Calvisiana*, quand il venait *ab intestat, Si quid in fraudem*, l. 3, §§ 2 et 3. Quant aux donations à cause de mort et autres dispositions posthumes, on n'exigeait même pas qu'elles fussent frauduleuses : le droit du patron primait celui du donataire, l.1, § 1. Exceptionnellement, le patron, tout en conservant les droits de patronage, était exclu, lorsqu'il avait reçu de l'argent pour l'affranchissement, quand l'empereur avait accordé à l'affranchi la libre *faction* de testament, l. 3, §§ 3 et 4, *de bonis libert.;* enfin, par rapport aux biens que l'affranchi avait acquis dans les camps, l. 3, § 6.

Remarquons bien que partout ici il ne s'agit que du patron et de ses fils, G. III, 45, et que le préteur, si désireux cependant de substituer l'équité aux rigueurs du Droit pur, n'avait pas cru nécessaire d'étendre sa faveur à la patronne ni aux filles du patron, G. 46, parce que l'opinion publique n'avait sans doute pas réclamé.

Quand le patron arrivait à la succession de l'affranchi, on appliquait les règles de la succession déférée aux agnats : les parts de la succession étaient les mêmes, quoique l'étendue du droit de propriété des divers maîtres ne fût pas semblable ; le *proximus patronus* excluait les enfants du patron prédécédé ; si tous deux étaient morts, leurs enfants arrivaient par tête et non par souche. Enfin, le droit du patron s'éteignait par la *capitis diminutio*, qui frappait, soit sa personne, soit celle de l'affranchi, G. III, 59, 60 et 61.

Outre la *bonorum possessio unde legitimi*, le patron ou plutôt ses agnats avaient une *bonorum possessio tanquam ex familia, tanquam,* comme si le *de cujus* n'était pas sorti de la famille du patron, Inst. 9, § 3 (1). Cette *bonorum possessio* était accordée, non pas seulement au patron ou à ses enfants comme la *bonorum possessio legitimi*, mais à lui et à toute sa famille civile, à tous ses agnats, *etiam longissimo gradu;* elle profitait même au patron qui avait négligé d'exercer la *bonorum possessio unde legitimi* en temps utile.

(1) Je préfère la leçon *tanquam,* donnée par les Inst., à la leçon *tum quem* que Cujas emprunte à la **L. 1,** *Unde legit.* (38-7).

Les textes parlent encore d'une *bonorum possessio* accordée *patrono, patronæ item liberis parentibusve patroni patronæve,* Ulp. XXVIII, 7; Coll. XXVI. 9; Inst. IX. § 3. De nombreuses controverses ont été soulevées à ce sujet.

Un singulier contre-sens matériel a fait voir à Cujas et à d'autres auteurs qu'il s'agit ici du patron de celui qui a affranchi le *de cujus,* qui eût été lui-même un *libertus,* et ils construisent la phrase ainsi : *patrono patronæque* (au patron et à la patroqne) *patroni patronæ* (du patron ou de la patronne) ; erreur évidente, puisque d'autres textes, §§ 3 et 5 aux Inst , portent *patrono, patronæ, liberisque eorum,* ce qui montre nettement l'impossibilité matérielle d'accepter cette explication. D'ailleurs, il est probable que, le patronage étant assimilé à l'agnation, le patron du patron était traité comme agnat et avait à sa disposition la *bonorum possessio unde legitimi.* En tout cas, il n'y avait rien de commun entre lui et les cognats, et pourtant nous voyons que Justinien, en abolissant la *bonorum possessio* dont nous traitons ici, la remplaça par la *bonorum possessio unde cognati,* Inst. IX, 5. Ceci est pour nous un trait de lumière, dont il me semble qu'on n'a pas assez senti la portée. Ce texte, en effet, tout en démontrant la fausseté de l'interprétation de Cujas, prouve aussi qu'il s'agit d'une faveur accordée à la cognation. En général, sans doute, ces personnes pourront invoquer la *bonorum possessio unde legitimi ;* mais quand le lien d'agnation aura été rompu, quand une *capitis diminutio* aura détruit ce lien, alors les cognats viendront, en vertu de cette possession de biens, absolument comme chez les ingénus la famille naturelle arrive à défaut de la famille civile. Il y a donc là un système tout à fait identique : la succession revient d'abord au patron, ensuite à la famille civile, enfin à la famille naturelle. La seule différence entre ces deux classes de successions, c'est que chez les ingénus tous les cognats successibles sont préférés au conjoint, tandis qu'ici ce ne sont que quelques cognats favorisés ; les autres, nous le verrons, n'étaient appelés qu'en cinquième degré. De toutes les interprétations qui ont été données, c'est celle-là que je préfère sans contredit : j'avais un moment penché à croire avec Théophile qu'il y avait là un secours accordé au patron, à ses parents et à ses enfants, dans le cas où ils auraient négligé d'exercer la *bonorum possessio unde legitimi* ou *tanquam ex familia* dans les délais légaux ; mais en étudiant avec soin le § 5 aux Inst., j'ai dû me convaincre qu'il s'agissait bien ici de cognats et d'agnats négligents, et, malgré le poids de l'autorité de Théophile, je n'hésite pas à déclarer son opinion erronée.

Après ces cognats, le préteur accorde la *bonorum possessio unde vir et uxor* au conjoint survivant de l'affranchi, à condition naturellement qu'il ne sera pas divorcé, L. 1, § 1, *Unde vir.* Enfin, en dernier lieu, arrivent les cognats du patron, qui ne rentrent pas dans la classe privilégiée, frères, oncles, neveux, cousins, mais seulement jusqu'au sixième degré ou exceptionnellement au septième, pour l'enfant du cousin issu de germain, *Ulp.*, 28, 7; fragm. vat., § 301.

La loi Papia vint encore modifier la législation des successions d'affranchis : lorsque l'affranchi laisse au moins cent mille sesterces, mais moins de trois enfants, le patron a droit à une part virile. Comme la loi nouvelle délivrait de la tutelle perpétuelle la femme qui avait quatre enfants, il fallait pourvoir à ce que le patron ne fût pas complètement deshérité dans le testament de son ancienne affranchie, et c'est ce que fit la loi en lui réservant toujours une part virile ; dans la succession *ab intestat.*, il conserve son droit au tout, G., § 44. Les enfants et petits-enfants ont le même droit que lui, mais les filles et petites-filles doivent avoir le *jus liberorum*, c'est-à-dire posséder, comme la patronne elle même, trois enfants, § 46 *in fine* : c'est un progrès sur le droit prétorien, qui excluait ici les filles. La patronne aussi se trouve favorisée par la loi nouvelle quand elle a le *jus liberorum*, Paul IV, T. 9, § 7 et suiv.

La patronne ingénue qui a deux enfants et la patronne affranchie qui en a trois, sont traitées sur le même pied que le patron d'après le droit prétorien, c'est-à-dire qu'elles auront une moitié en l'absence d'enfants successibles. Quand elle a trois enfants, la patronne ingénue a le même droit que le patron, d'après la nouvelle loi ; elle aura donc une part virile quand l'affranchi laissera cent mille sesterces et moins de trois enfants ; je dis *l'affranchi*, car ces innovations ne concernent pas la succession de *l'affranchie*. Pour cette dernière, on s'en tient aux anciens principes en l'absence d'un testament; quand, au contraire, la défunte a laissé un testameut, la loi Papia accorde à la patronne *liberis honorata* la *bon. possessio contra tabulas* que le droit prétorien donnait au patron.

Pour la fille de la patronne, la loi nouvelle était moins rigoureuse : dès qu'elle avait un enfant, elle était assimilée au patron.

Il me tarde de quitter ces dispositions obscures et compliquées pour revenir à la lumière avec la législation nouvelle introduite par Justinien. Déjà en l'an 447, Théophile II et Valentinien, tout en maintenant ce système de succession vis-à-vis du patron, l'avaient complètement modifié à l'égard de ses enfants ; mais je n'insiste pas sur cette nouvelle législation, qui n'eut qu'une existence passagère, et j'expose immédiatement la réforme justinienne. Je la trouve à la loi 3, § 11, *De bonis libert.* au C. L'empereur distingue trois cas : 1° l'affranchi a moins de cent *aurei* : liberté complète de disposer ; 2° il a plus de cent *aurei*, et laisse un ou plusieurs enfants qu'il institue : exclusion du patron ; 3° il laisse plus de cent *aurei*, mais pas d'enfants pour héritiers, soit qu'il n'en ait pas, soit qu'il les ait justement exhérédés ; car le droit du patron ou de sa famille, jusqu'au cinquième degré, est maintenu, mais réduit de la moitié au tiers, *sine onere* ; la *bon. possess. contra tabulas* lui servira à réclamer ou à parfaire cette part ; *ab intestat*, il n'arrive jamais qu'après les enfants, quelle que soit la fortune du *de cujus*. Mais toutes les distinctions entre le patron et la patronne, entre l'affranchi et l'affranchie sont entièrement abolies.

Ce n'était pas encore la dernière transformation que devait subir cette inextricable et interminable législation. Aux Basiliques, L. 48, t. *ult.*, nous voyons que Justinien avait fini par fixer ainsi l'ordre successoral pour les biens des affranchis : 1° Les descendants de l'affranchi ; 2° ses ascendants ; 3° les frères et sœurs ; 4° le patron et la famille jusqu'au sixième degré ; 5° les collatéraux de l'affranchi jusqu'au même degré. Pour les affranchis de l'empereur nous trouvons des règles spéciales: c'est le fisc qui succède pour le tout, quand il n'y a pas de testament; pour moitié dans le cas contraire ; fragm. *Veteris jurisc.* § 12, page 861 du *Manuel* de M. Pellat.

Telle est la condition de l'affranchi citoyen romain. Ce droit de patronage qui survivait à l'esclavage, le maître pouvait en faire l'objet d'une disposition au profit de l'un de ses enfants, qu'il voulait particulièrement favoriser ; mais l'enfant n'acquérait ainsi que les droits de patronage relatifs aux biens, l'obligation de respect et celle de service s'éteignant, comme nous le savons, avec la vie même du patron. Cette disposition ne comprenait donc que le droit de succession sur les biens de l'affranchi, que le patron pouvait adjuger à tel ou tel de ses héritiers à l'exclusion des autres ; ceux-ci ne reprenaient leur droit que si l'héritier avantagé mourait sans descendants. C'était ce qu'on nommait l'*assignatio liberti*. Cette faculté d'assigner a été accordée aux patrons par un sénatus-consulte du règne de Claude; elle n'était soumise à aucune forme, L. 1, § 3, *De assign. lib.*, et pouvait également être révoquée de n'importe quelle manière. Elle pouvait être faite à terme ou sous condition, L. 7 et L. 10 ; mais Pomponius, L. 13, § 3, n'admet pas en pareille matière le terme résolutoire, dont la possibilité était cependant admise par d'autres auteurs, F. 10. L'assignation ne pouvait être faite que par le patron même, et les enfants à qui un affranchi avait été assigné, ne pouvaient pas à leur tour l'assigner à tel ou tel de leurs descendants. L'assignation pouvait être faite, non-seulement en faveur des fils, mais encore des filles, des petits-fils et des petites-filles. Faut-il voir une révocation tacite dans l'émancipation des descendants en faveur de qui l'assignation a eu lieu ? Oui. répondent les auteurs, *Inst.*, § 2; cependant, nous voyons au Digeste que le préteur décidait différemment la question, et qu'il favorisait l'enfant émancipé qu'en vertu du sénatus-consulte on voulait exclure, L. 3, §§ 4 et 5.

§ 2. *Latini Juniani.*

La condition des Latins Juniens offre quelques points fort remarquables. Les affranchis de cette classe sont assimilés aux habitants des colonies latines, mais seulement leur vie durant, car, au jour de leur mort, on les considère comme s'ils n'avaient jamais cessé d'être esclaves, et le patron met la main sur leur fortune, non en vertu d'un droit de succession, mais par suite de la *potestas dominica*, absolument comme s'il s'agissait d'un pécule. Leur état est énergiquement défini dans cette phrase d'Ulpien : *Ipso ultimo spiritu simul animam atque libertatem amittebant, et quasi servorum bona eorum ex lege Junia manumissores detinebant.* Cependant il ne faudrait pas pousser trop loin cette assimilation avec les Latins Coloniaires, car la loi Junia avait elle-même marqué entre eux certaines différences. Comme eux, ils étaient privés du *jus suffragii*, du *jus honorum*, du *connubium;* comme eux ils avaient le *commercium* ; mais la *testamenti factio* se réduisait entre leurs mains à fort peu de chose : la loi Junia leur refusait expressément le droit de recueillir, de disposer et d'être nommés tuteurs par testament, mais non de recevoir par *fidéicommis*, G. I, 24 ; de sorte qu'ils pouvaient simplement prendre part, à la confection de l'acte comme témoins, *libripendes* ou *familiæ emptores*. Cependant, comme ils conservaient la *testamenti factio*, l'institution d'héritier d'un Latin Junien ne produit pas nullité du testament ; seulement en vertu de son incapacité de recueillir, il se trouve dans la même position que le légataire qui refusait d'accepter; le testament, quoique valable, ne produisait pas d'effets, G, I, 22-24 ; III, 56; Ulp. XX, 8, 14. Si donc au jour de la mort du *de cujus*, il avait acquis la qualité de citoyen, l'institution d'héritier, parfaitement valable, produirait toutes les conséquences légales. Il ne faut pas s'étonner de ces restrictions apportées par la loi à la capacité des Latins Juniens : la négation du droit de tester est la conséquence nécessaire du principe que leur liberté est purement viagère. Quant à leur incapacité d'être institués par testament, si elle n'a pas la même raison d'être, elle s'explique peut-être par une sorte d'analogie entre la *factio testamenti activa* et la *factio passiva ;* ou plutôt la loi Junia, qui venait introduire de si notables améliorations dans la condition des affranchis, ne voulut pas cependant leur prodiguer ses faveurs avec trop de libéralité, et entendait garder quelque chose en réserve.

Au reste, l'incapacité établie par la loi Junia n'est pas aussi absolue que semblent l'indiquer les textes ; la loi souffre plusieurs exceptions incontestables, sans compter celles sur lesquelles il peut y avoir doute. Ainsi, sans hésiter, il faut dire que l'incapacité de tester ne s'applique pas au Latin Junien qui a été esclave public : même durant la servitude, il pouvait tester pour la moitié de ses biens; nul doute que son affranchissement n'empirât pas sa condition et qu'il ne conservât toujours le droit de disposer au moins de la moitié de sa fortune ; on pourrait même dire que, les termes de la loi lui étant inapplicables, il rentre dans le droit commun et peut tester pour le tout; mais je n'irai pas jusqu'à admettre cette conséquence extrême. Mais la règle reste intacte pour la *factio testamenti passiva* : l'incapacité édictée sur ce point par la loi Junia le frappe dans toute sa rigueur.

Au contraire, il faut entièrement soustraire à l'application de cette loi les descendants des affranchis Latins Juniens ; naturellement, ils suivaient la condition de leur auteur; mais il est impossible de leur appliquer la maxime : *Vivunt liberi, moriuntur servi*. Les droits de patronage ne s'exercent que contre l'affranchi lui même. Ses descendants en ont toujours été exempts ; leurs biens passent donc à leurs enfants et ne reviennent pas aux descendants du patron. Mais résulte-t-il donc de là que toutes les incapacités prononcées par la loi Junia s'évanouissent également? Puchta le pense, mais je ne partage pas son opinion, car, il n'est nullement démontré que ces incapacités ne sont que des conséquences du principe général qui régit la condition des Latins. Au contraire, on peut parfaitement soutenir que la loi Junia, en légalisant la condition de l'esclave affranchi, ne lui a accordé que quelques-uns des priviléges des affranchis citoyens et a maintenu leur incapacité pour tous autres droits. Soutiendra-t-on que les descendants des affranchis *déditices* sont capables de tester ? Quelle raison dès lors de donner aux descendants des Latins Juniens des droits formellement refusés à leurs ancêtres?

Ces incapacités ne frappent-elles que l'individu affranchi par un mode non solennel, et non celui qui a été affranchi par un maître mineur de 30 ans, ou bien par le maître qui ne l'avait qu'*in bonis*, ou bien enfin par celui qui l'avait donné en gage? Dans tous ces cas l'affranchi ne devenait que Latin ; est-ce à dire qu'il faille lui appliquer toutes les incapacités des Latins Juniens ? Je n'hésite pas un instant à répondre oui , sans m'arrêter aux subtils raisonnements et aux chicanes de mots dont se prévaut Puchta pour soutenir la négative. Suivant lui, ces affranchis seraient des Latins, mais non des Latins Juniens; comme ils ne sont pas davantage des Latins coloniaires ; Puchta, pour se tirer d'embarras, suppose qu'il y avait une troisième classe de Latins, dont il ne resterait plus de traces dans les textes. Pour repousser cette interprétation si invraisemblable, il suffit de lire attentivement le § 12 de Gaïus, qui n'admet que trois classes d'affranchis, tandis que Puchta nous en propose une quatrième. D'ailleurs, les raisons qu'il invoque n'ont que l'apparence de la vérité : Si, dit-il, on a réservé au patron sur les biens du Latin Junien les droits qu'il avait avant la loi nouvelle, c'était pour ne pas entraver les bonnes dispositions des maîtres qui, tout en renonçant aux services de leurs esclaves, n'entendaient cependant pas se désister des droits qu'ils pouvaient prétendre sur leurs biens. Ce motif là parfaitement applicable, dit-il, au cas d'affranchissement *inter amicos* ou *per epistolam* n'existe plus quand il s'agit de l'affranchisssment opéré par un maître de moins de 30 ans ou par le maître bonitaire. C'est vrai, mais est-ce donc là le seul, le vrai motif des incapacités du Latin Junien ? Nullement, car ce n'est pas pour ce motif que la loi le rend impropre a être institué héritier ; ce n'est pas pour ce motif qu'elle le déclare impropre à être nommé tuteur testamentaire. La base du raisonnement de Puchta est donc fausse, et dès lors il n'y a aucune raison pour admettre entre les divers affranchis Latins les distinctions qu'il propose.

La condition civile des Latins étant ainsi bien définie, voyons plus particulièrement leur position vis-à-vis du maître qui les a affranchis. Pour eux, comme pour les citoyens Romains, les droits de patronage comprennent trois sortes de droits : 1° *Obsequium*; 2° *Operæ*; 3° *Bona*.

Au point de vue du respect et des services dus par l'affranchi au patron, il n'y aucune différence entre le Latin et le citoyen : leur position ne diffère qu'en ce qui touche la succession aux biens. J'ai tort de dire la succession, car à vrai dire, le patron ne succède pas à l'affranchi Latin Junien; c'est en quelque sorte son propre bien qu'il vient reprendre au décès de celui-ci; c'est un droit de pécule et non un droit de succession qu'il exerce, absolument comme si l'affranchissement n'avait pas eu lieu, comme si le défunt avait continué à être son esclave. De là, de graves conséquences que Gaïus, dans un des passages les plus remarquables de son Commentaire, a déduites avec une admirable logique, III, §§ 56, 57 et suiv.

C'est un droit de pécule, bien différent du droit de succession que le patron exerce sur les biens de l'affranchi citoyen Romain : donc ce n'est pas à ses enfants que profite ce droit, mais à ses héritiers, même esclaves ; donc chacun des maîtres ne l'exerce que dans la mesure de son droit de propriété sur l'affranchi, et non par portions viriles comme en cas de succession ; donc les héritiers de l'un des patrons prédécédé concourront avec le survivant, au lieu d'être exclus par lui à cause de la proximité du degré ; donc, en cas de concours des héritiers des deux patrons prédécédés, on partagera par souche et non par tête ; donc enfin si l'un des patrons s'abstient, sa part devient caduque au profit de l'État, au lieu d'accroître.

Un sénatusconsulte Largien, rendu sous le règne de Claude (an 42), porta une grave atteinte à ces principes en décidant qu'on préfèrerait désormais aux héritiers externes les enfants du patron qui n'auraient pas été nominalement exhérédés. Des auteurs avaient voulu conclure de là que le droit du patron se trouvait ainsi modifié dans sa nature et qu'il exerçait un véritable droit successoral ; mais Gaïus a soin de combattre cette opinion et de nous montrer que, malgré le sénatusconsulte, les biens du Latin reviendront aux héritiers externes quand il n'y aura pas d'enfants pour leur faire obstacle, que le fils émancipé du patron pourra y prétendre quand même il n'aurait pas exercé la *bonorum possessio contra tabulas*, que les enfants qui se seront abstenus de la succession, n'en pourront pas moins faire valoir leurs droits sur ces biens ; qu'enfin on était allé jusqu'à admettre les filles qui n'auraient pas été nominalement exhérédées quoique, pour leur exclusion de la succession, une exhérédation *inter ceteros* fût insuffisante : toutes ces décisions seraient inadmissibles s'il s'agissait véritablement d'un droit de succession, G. 63-70. Ce sénatusconsulte ne concernait évidemment ni les descendants par les filles

des patrons ni les affranchis des femmes ; car il suppose une exhérédation nominale qui n'était pas exigée de la part des femmes
et qui n'était pas davantage nécessaire pour les exclure des
successions.

Enfin un édit de Trajan, pour sauvegarder les droits pécuniaires des patrons, assimilait aux Latins les ex-esclaves que
l'Empereur affranchit à l'insu ou contre le gré de leurs
maîtres. Mais ce n'était là, il faut bien le remarquer, qu'une
assimilation fort imparfaite, et qui ne concernait que la succession de l'affranchi : à ce point de vue là seul il était traité comme
Latin ; sauf cela, il était vraiment citoyen ; ses enfants naissaient
citoyens, G. § 72, et pour lui la *factio testamenti* était bien
plus complète que pour le Latin ordinaire : il pouvait recueillir
par testament, et son droit de disposer par acte de dernière volonté se trouvait simplement paralysé par la présence du patron, de sorte que, celui-ci disparaissant, la substitution par
lui faite produit tous ses effets. Je dirai même que le patron venant à mourir sans héritiers, l'institution faite par l'affranchi dont nous parlons, serait valable, tandis que celle éma-
née du Latin ne le serait pas. Au reste, pour tirer cet affranchi citoyen de la position ambiguë où il se trouvait, un sénatusconsulte rendu sous Adrien lui permit d'acquérir la qualité
de citoyen dans toute son intégrité par les mêmes moyens qui
donnaient la cité aux Latins et qui, dans la rigueur des principes,
ne pouvaient s'appliquer à lui citoyen, 37.

Ceci me fournit l'occasion d'étudier les moyens par lesquels
l'affranchi Latin devenait citoyen Romain et complétait sa capacité civile imparfaite. Ces modes étaient fort nombreux; Ulpien>
en cite jusqu'à huit : *Latini*, dit-il, *jus Quiritium consequun-
tur his modis, beneficio principali, liberis, iteratione, militia,
nave, œdificio, pistrino, prœterea ex senatusconsulto vulgo
quœ sit ter enixa*. Etudions chacun de ces modes en particulier.

1° *Beneficio principali*. — L'Empereur pouvait accorder la
qualité de citoyen à un Latin Junien ; mais nous savons déjà
que, si le maître n'y donnait son consentement, un édit de
Trajan réserva tous ses droits sur la succession de l'affranchi,
qui n'en acquérait pas moins l'état de citoyen pour lui et son
enfant.

74

2° *Liberis.* — C'est la loi Ælia Sentia qui a introduit ce moyen, désigné par les auteurs modernes sous le nom de *causæ probatio*, en faveur de l'affranchi qui, pour avoir moins de 30 ans, devient Latin Junien. L'affranchi qui avait épousé une citoyenne, une Latine Junienne ou une coloniaire, en déclarant devant sept témoins pubères et citoyens qu'il le faisait pour avoir des enfants, pouvait, quand l'enfant né de cette union avait un an, se présenter devant le préteur ou le gouverneur de la pro-vince, afin qu'on le déclarât citoyen, lui, sa femme et son en-fant.

La loi n'avait statué que pour l'affranchi mineur de trente ans ; mais un sénatusconsulte rendu sous le consulat de **Pégase** et **Pusion** étendit cette faveur à tous les autres affranchis Latins. Si le père mourait avant cette déclaration, la mère pouvait en-core la faire pour elle et l'enfant. — La naissance d'un enfant profitera encore aux parents et à l'enfant lui-même, lorsqu'au moment du mariage il y a eu erreur de leur part sur leurs qua-lités respectives : quand, par exemple, un citoyen a épousé une Latine ou une pérégrine qu'il croyait citoyenne; quand un Latin a épousé une citoyenne croyant qu'il était lui-même citoyen ou qu'elle était Latine. Dans tous ces cas, la preuve de l'erreur (*erro-ris causæ probatio*) peut être fournie dès qu'il y a un enfant, sans même qu'il ait dû atteindre l'âge d'un an. Immédiatement les parents et l'enfant deviennent citoyens, G. § 66 à 74. Ce moyen, contrairement à la *causæ probatio*, était ouvert aussi bien aux pérégrins qu'aux Latins.

3° *Iteratione, nouvel affranchissement.* — D'après les prin-cipes, l'affranchissement une fois accompli dans les conditions dé-favorables qui ne donnaient que la Latinité, était irrévocable et ne pouvait être renouvelé ; car on n'affranchit qu'un esclave, ja-mais un affranchi. Cependant, par faveur pour la liberté, on admettait qu'après un affranchissement imparfait, l'ancien es-clave pouvait encore subir un affranchissement productif de la pleine liberté, de la qualité de citoyen.

4° *Militia.* — Le Latin qui sert pendant six ans dans les gardes de Rome, acquiert la cité aux termes de la loi Visellia ; un sénatusconsulte avait même réduit le délai de moitié.

5° *Nave*. — D'après un édit de Claude, le Latin qui pendant six ans transporte du blé à Rome sur un navire coutenant au moins dix mille boisseaux, devient citoyen.

6° *Ædificio*. — Même faveur pour le Latin qui emploie une certaine partie de sa fortune à construire une maison à Rome, G. 1, 33. Les lacunes du texte nous empêchent de savoir précisément quelle partie de sa fortune il devait y consacrer.

7° *Pistrino*. — Le même privilège s'étend au Latin qui établit à Rome un four pour cuire le pain. Ce n'est là qu'une conjecture à laquelle on est réduit dans le silence des textes ; mais elle est fort vraisemblable, et s'explique assez par cette crainte de disettes qui fut la préoccupation incessante des maîtres deRome.

8° *Senatusconsulto vulgo ter enixa*. — D'après le texte, il y aurait ici une faveur accordée à l'inconduite de la femme Latine qui aurait eu trois enfants naturels. C'est là quelque chose de bien invraisemblable ; aussi suis-je fort dispo é à croire que le manuscrit d'Ulpien a souffert quelque altération et à admettre la leçon de Puchta, qui substitue au mot *Vulgo* celui de ***Mulier***. On le voit, c'est l'esprit des lois Papiennes qui a dicté cette disposition.

Le Code Théodosien nous offre un neuvième mode d'acquisition, dont Ulpien ne pouvait nous parler. Une constitution de l'Empereur Constantin accorde la cité au Latin qui dénonce un rapt, L. 1, §4 au C. Théod. *De rapt. virg.*

§ 3. *Dedititii*.

Leur condition était singulièrement dure : tandis que les Latins étaient généralement capables et que leur capacité n'avait subi que troisrestrictions, les *déditices* étaient, à vrai dire, civilement incapables ; les actes du droit des gens étaient les seuls qu'ils pussent accomplir. D'un autre côté, on avait ménagé aux Latins toutes sortes de facilités pour se relever de l'état d'infériorité où ils étaient placés vis-à-vis des citoyens ; au contraire, les *déditices* conservaient jusqu'à la mort leur qualité, et ce n'était que dans un cas tout-à-fait exceptionnel qu'ils pouvaient la voir s'améliorer. Outre ces incapacités qui les frappaient, ils étaient soumis à des mesures de police, justifiées peut-être par leurs fâcheux antécédents, qui naturellement n'avaient ni raison d'être ni application chez les Latins Juniens. Pour purifier Rome de la présence de ces affranchis qui pendant le temps de la servitude avaient subi certaines peines, on leur défendait de demeurer dans la ville ou dans un rayon de cent milles autour ; et en cas de contravention, ils étaient vendus, eux et leurs biens, au profit du trésor, sous la double condition qu'ils ne serviraient pas dans le [rayon qui leur était interdit et que jamais ils ne seraient affranchis. Si, en dépit de cette stipulation, le maître leur accordait la liberté, la loi Ælia Sentia les déclarait esclaves du peuple Romain. G. I, § 27.

Après ce coup d'œil général sur la condition des *deditices*, examinons-la d'un peu plus près.

Ils n'ont donc que la capacité du droit des gens ; tout acte du droit civil leur est interdit. S'ils peuvent vendre et acheter, louer et échanger, ce ne sera cependant jamais de manière à acquérir la propriété quiritaire ; car aucun des modes d'acquisition du droit civil ne leur est accessible. De droit politique, il n'en peut être question ; quant au *connubium*, ils en étaient privés.

Le *commercium* leur étant également interdit, ils n'avaient naturellement pas la *factio testamenti*. Il ne s'agit plus, comme pour les Latins, d'une incapacité de disposer ou de recueillir ; leur présence dans un testament à un titre quelconque est une cause de nullité : nullité s'ils ont testé, nullité s'ils ont été institués, nullité s'ils ont assisté à l'acte comme témoins, comme *libripendes*, comme *familiæ emptores*.

Les droits de patronage, en ce qui touche l'*obsequium* et les *operæ*, sont les mêmes que pour les citoyens et les Latins.

Quant à la succession aux biens des *deditices*, Gaïus nous enseigne une distinction assez curieuse : Il faut, dit-il, rechercher si, en l'absence du vice qui l'infecte, de la faute qui le perd, l'affranchi fût devenu citoyen ou Latin, pour régler la succession suivant les règles applicables aux affranchis *cives* ou aux affranchis Latins. Soit un esclave âgé de plus de 30 ans, affranchi par un maître du même âge suivant un des modes solennels, enfin avec toutes les conditions voulues pour acquérir la cité, s'il n'avait subi la torture ou quelque autre châtiment : sa succession sera réglée d'après la théorie de la succession aux biens des affranchis citoyens. Soit, au contraire, un esclave de moins de 30 ans, ou un maître mineur, ou un affranchissement non solennel: on appliquera les règles que nous avons développées à propos des Latins. En un mot, on fait abstraction de la peine pour laquelle l'affranchi se trouve relégué dans la classe des *déditices* et on partage la succession comme si cette peine n'avait pas été encourue. Il n'est pas besoin de beaucoup insister sur la bizarrerie de cette théorie, d'où il résulte que les enfants du *déditice* seront souvent mieux traités que ceux du Latin, et que le droit du patron n'a pas un caractère uniforme et se trouve être tantôt un droit successif, tantôt un droit de pécule.

Ce qui était peut-être le plus grave dans la condition des *déditices*, c'est qu'elle était irrémédiable, c'est que l'affranchi qui y était une fois réduit, devait désespérer de jamais en sortir. Plus on s'était montré facile et libéral envers les Latins, plus la loi déployait de rigueur à l'égard des *déditices* ; le motif, nous le connaissons, c'est le désir d'empêcher la profanation du titre de citoyen. Mais cet intérêt, quelque puissant qu'il fût, cédait devant le besoin de préserver le patron de l'infamie, et voilà pourquoi, par une exception unique, le *déditice* devenait citoyen lorsqu'en l'absence de tout autre héritier testamentaire, lui seul se trouvait là pour accepter la succession d'un patron insolvable et épargner à sa mémoire l'opprobre de la vente à l'encan. Ulp. I, 14.

Je rappelle que sous Justinien toutes ces distinctions des Latins et des *déditices* n'ont plus qu'un intérêt historique. La classe des *déditices* était déjà tombée en désuétude avant lui, l. un. au C. *De dedit. libert.*, et, si la Latinité subsiste encore, Justinien l'abolit définitivement, l. 1. au C. *De Lat. libert toll.* Désormais tout affranchissement valable donnera le titre de citoyen.

SECTION II.

Effets de l'affranchissement de plein droit.

Ce serait étrangement se tromper que de croire que dans tous les cas où la loi prononce l'affranchissement de plein droit, la

condition, soit du maître, soit de l'esclave, subit le même sort;
il y a au contraire d'importantes distinctions à faire.

A. *Condition de l'esclave.*

Dans la plupart des cas il devient citoyen; il en est cependant
où les textes ne lui reconnaissent que la qualité de Latin; il en
est même où les principes nous conduisent forcément à le ranger
parmi les *déditices*.

La loi unique au code de *Latina libertate tollenda* nous
montre que l'esclave à qui la loi accordait la liberté parce que
son maître l'avait abandonné dans sa maladie, ne devenait que
Latin. — D'un autre côté, je ne doute pas, bien qu'aucun texte
à ma connaissance ne s'explique à cet égard, je ne doute pas,
dis-je, que, si l'esclave se trouve dans un des cas d'indignité,
qui, en cas d'affranchissement volontaire, le feraient ranger
parmi les *déditices*, il ne doive également être réduit à cette
condition inférieure. Dans toutes ces hypothèses je ne vois pas
de raison pour l'avantager : si la loi accorde la liberté à l'esclave,
c'est uniquement pour le soustraire à la mauvaise foi ou à la
cruauté du maître, ou bien pour interpréter une volonté tacitement exprimée, mais non pour le relever de son incapacité ou
effacer son indignité. A cela se borne le rôle de la loi; l'indignité,
l'incapacité de l'esclave subsistent tout aussi bien que si le maître n'avait pas manqué à ses devoirs envers lui, tout aussi bien
que s'il avait formellement manifesté l'intention de l'affranchir.
Il serait tout au moins étrange que le silence du maître fût plus
puissant que sa volonté manifestement exprimée, et que ses torts
dussent servir à la réhabilitation de l'esclave. La loi romaine
n'a certes pas admis un tel résultat : l'esclave doit être affranchi; eh bien, il le sera : mais il est indigne; donc, au lieu de devenir citoyen ou Latin, il deviendra *déditice*. C'est là ce qu'en
bonne logique nous devons décider, puisqu'aucun texte ne nous
dit le contraire.

B. *Position du maître.*

Ici il faut distinguer : Si l'affranchissement est fondé sur
l'indignité du maître, comme en cas de prostitution, les droits de
patronage lui seront enlevés aussi bien que la puissance dominicale; si, au contraire, il s'agit de récompenser l'esclave, ou bien

de suppléer à la négligence ou à la mauvaise volonté du maître qui refuse d'opérer l'affranchissement auquel l'esclave a droit, alors les droits de patronage survivent, la servitude seule disparaît Reprenons donc les divers cas que nous avons parcourus : Je dirai que le droit de patronage s'évanouit en même temps que la puissance dominicale : 1° Quand le maître prostitue son esclave, L. 1, § 4, au C., *De lat. lib. toll.*; 2° quand il l'abandonne en cas de maladies, L. 1, § 3, au C., *De lat. lib. toll..* — Au contraire, le maître qui perd la puissance dominicale, acquiert le droit de patronage, 1° quand l'esclave lui a été vendu à condition qu'il serait affranchi dans un certain délai, L. 8, *De jure patronatus*; 2° quand il a dénoncé le meurtre de son maître, L. 5, *Qui sine manumiss.* La L. 4 pr.. *De bonis lib.*, en décidant que l'esclave dans notre espèce devient *libertus nullius*, tombe en opposition formelle à la fois et avec le texte que je viens d'invoquer et avec la théorie que je viens d'établir ; cependant, il s'explique par la L. 23 *De jure patr.* Quand le fils du maître tué ne cherche pas à venger sa mort, il est indigne d'avoir les droits de patronage, et l'ancien esclave sera considéré comme affranchi *nullius :* c'est, sans doute, à cette hypothèse que fait allusion la L. 4 *De bonis libert.;* mais dans tous autres cas, lorsque l'héritier n'est pas un fils ou lorsqu'il a vengé la mort de son auteur, alors l'esclave devient *libertus orcinus*, et l'héritier aura les droits de patronage relatifs aux biens, les autres s'éteignant avec la vie du patron. Cette antinomie, loin de battre en brèche ma théorie, ne fait que la confirmer, et prouve une fois de plus que ce n'est qu'en cas d'indignité qu'il n'y plus lieu au *jus patronatus* dans les affranchissements de plein droit.

3° Lorsque le fidéicommissaire se trouve pour une juste cause hors d'état d'opérer l'affranchissement et qu'il y ait lieu d'appliquer un des sénatusconsultes rendus sous Trajan, l'esclave affranchi devant le magistrat n'en est pas moins considéré comme affranchi fiduciaire, et c'est le légataire qui exerce les droits de patronage, 1. 28, *De fideic. libert.*

Quand, en l'absence d'une juste cause, il y aura lieu d'appliquer le sénatusconsulte *Rubrianum*, l'esclave devenant *libertus orcinus,* c'est aux héritiers du défunt que reviennent les biens.

4° L'esclave qui était affranchi pour avoir dénoncé des faux monnayeurs, devait, malgré l'indemnité que le fisc payait au maître, subir les droits de patronage. La L. 4, § 2 au Code, *pro quibus causis,* ne le dit pas formellement, mais du moment qu'elle ne dit pas le contraire, il faut s'en tenir au principe : or, l'in-demnité due au patron pour la perte des services de son esclave n'impliquait aucunement sa renonciation aux droits de patro-nage, qui ne se perdaient que par l'indignité.

Cependant l'esclave qui, au su de son maître, entrait dans les ordres ou dans l'armée, acquérait non-seulement la liberté, mais était même exempt de tout droit de patronage. Cette ex-ception à notre règle est fondée sur une interprétation de la volonté du maître, qui, par son consentement à l'entrée de l'es-clave dans les ordres ou dans l'armée, était censé abandonner tous ses droits sur lui, droits qu'on considérait sans doute comme peu compatibles avec la profession militaire ou avec les fonc-tions ecclésiastiques.

DROIT FRANÇAIS.

DE LA CONDITION CIVILE DES ÉTRANGERS EN FRANCE

> Les lois d'une nation relatives aux Étrangers
> constatent la mesure de sa civilisation.
> Le Comte B. Barthenheim.

PRÉAMBULE.

Le sujet que je me propose de traiter ici, offre plus d'analogie qu'il ne semble au premier abord, avec la matière de l'esclavage que j'ai traitée plus haut. Ici, aussi, il s'agit d'une classe de personnes mises en dehors du droit commun, de personnes que la loi regarde avec une jalouse défiance pour leur dispenser avec avarice ses faveurs, et leur refuser une part notable des droits les plus usuels. L'esclave, c'est le paria de l'antiquité ; le paria des temps modernes, c'est l'étranger.

L'esclavage, grâce à Dieu, a disparu de nos mœurs : née de la barbarie des temps primitifs, cette cruelle institution, que déjà les jurisconsultes Romains appelaient une institution contre nature, s'est petit à petit effacée devant les progrès de la civilisation, et il est permis de prévoir le jour où elle aura complètement disparu du Code des nations. Sans doute, il a fallu bien du temps pour arriver à ce résultat, qui, au dix-neuvième siècle, n'est pas encore entièrement acquis ; mais dès la plus haute antiquité, on voit partout l'esclavage, d'abord dur, cruel, inflexible, s'adoucir et s'affaiblir pour arriver, par une transformation laborieuse sans doute, mais jamais interrompue, à la domesticité moderne. Le progrès est manifeste, la marche sans cesse ascendante, et si un instant la traite des noirs a semblé ramener l'humanité en arrière, ce n'a été qu'une honteuse exception à côté de laquelle la règle a cependant continué à se développer ; pour moi, j'aime à n'y voir qu'une aberration de l'esprit humain, qu'un crime individuel que les coupables ont d'ailleurs eu la pudeur d'aller commettre dans des régions barbares, au-delà des confins du monde civilisé.

L'étude historique de la condition des étrangers n'offre malheureusement pas un enseignement aussi consolant. Que de progrès l'humanité a encore à accomplir dans cette voie ! Que de vicissitudes cette condition n'a-t-elle pas éprouvées !

Après bien des siècles de résistance, Rome consent-elle à se relâcher de sa rigueur primitive envers les étrangers, à leur accorder successivement tous les droits civils, à leur ouvrir même son sein avec une imprudente prodigalité, l'invasion arrive qui ramène les anciennes distinctions entre nationaux et étrangers, relève les anciennes prescriptions, et renchérira même bientôt sur elles. Mais l'aubaine, à son tour, disparaît ; la Constituante proclame la fraternité universelle, et convie l'humanité entière au banquet de la vie civile. Son appel n'est hélas! pas entendu, et, par dépit, le législateur de 1804 consacre dans le Code Napoléon des dispositions rétrogrades que la nécessité excusait peut-être, mais que la raison ne saurait approuver. Un nouvel effort est tenté en 1819, un autre en 1848 ; mais un an s'est à peine écoulé, que le législateur en revient aux anciens errements du Directoire et du Consulat, de telle sorte qu'aujourd'hui nous ne sommes guère plus avancés qu'à la fin du siècle passé, au moment où la réaction contre la *sublime folie* de la Constituante était déjà un fait accompli.

Et, cependant, malgré tous ces tâtonnements et ces faux pas, malgré ces défaillances du législateur qui semble défaire sans cesse le même ouvrage pour le refaire à nouveau, ne désespérons pas de l'avenir! Ce qui a compromis les progrès de la législation en cette matière, c'est le défaut de mesure, de prudence chez tous ceux qui ont été chargés de la réglementer.

Si, au lieu d'émanciper tout d'un coup l'humanité en bloc, la Constituante avait procédé avec lenteur, nous n'aurions pas eu à déplorer le brusque revirement qui ne tarda pas à se faire sentir : noble faute sans doute, et que nous ne nous sentons pas la force de lui reprocher, mais qu'il est cependant permis de regretter ! On ne modifie pas du jour au lendemain des usages longtemps invétérés, et le législateur qui veut tenter cette œuvre impossible, ne peut compter sur un succès durable : tôt ou tard la réaction s'opère, qui renverse non-seu'ement les nouvelles institutions, mais accroît encore la rigueur des anciennes.C'est ce que nous avons vu après 1790, ce qui s'est reproduit aussi en 1849, quand l'Assemblée Législative, pour parer aux abus nés du décret du 28 mars 1848, a ressuscité les étroites dispositions qui régissaient autrefois la naturalisation. — Depuis lors, quelques mesures partielles prises dans l'intérêt des étrangers, notamment en matière de propriété intellectuelle, révèlent chez le législateur des dispositions plus favorables. Puisse-t-il ne pas tarder à les manifester encore par d'autres actes : qu'il efface peu à peu toutes ces restrictions d'un autre âge, incompatibles avec nos mœurs et nos idées, qu'il permette à l'étranger de pratiquer librement tous les actes de la vie civile, qu'il lui facilite surtout l'acquisition de la nationalité française par des moyens aussi éloignés de sa prodigalité d'autrefois que de son avarice actuelle ! Qu'il accomplisse cette belle tâche avec calme et prudence, et son œuvre sera durable, et notre législation des étrangers ne formera plus un triste contraste avec celles d'autres pays ; elle sera à la hauteur des idées de notre siècle et des exigences de la civilisation moderne.

CHAPITRE PREMIER.

DES ÉTRANGERS.

On entend par étranger de naissance toute personne qui, née, soit en France, soit ailleurs, de parents non Français, n'a pas acquis postérieurement la nationalité française, ou qui, après l'avoir momentanément possédée, l'a perdue par un des modes légaux.

De cette définition il résulte que la qualité d'étranger découle soit de la naissance, soit d'un accident postérieur. Etudions l'une et l'autre de ces sources.

§ 1er. *Etrangers de naissance.*

Autrefois la nationalité de l'enfant dépendait du lieu de sa naissance, sans qu'on tînt compte de l'origine des parents. Cependant cette règle, qui se rattachait au principe territorial de la féodalité, avait reçu de graves atteintes dès les derniers temps de l'ancien régime. On avait compris qu'appliquée d'une façon aveugle et servile, elle pouvait produire des effets regrettables et réduire à la condition d'étrangers des enfants Français par le cœur, Français par le sang, qu'un caprice du sort avait fait naître sur un sol étranger ; aussi les auteurs avaient-ils fini par admettre qu'on considérerait comme Français « les enfants nés « dans un pays étranger d'un père Français qui n'avait pas éta- « bli son domicile dans ce pays ni perdu l'esprit de retour. » Pothier, *Traité des personnes*, t. 2, sect. 1.

Ainsi réduit, ce système devait survivre à la féodalité : respecté par les lois de l'époque intermédiaire, il ne disparut qu'en 1804 ; ce fut le Code qui l'anéantit. Aujourd'hui ce n'est plus au lieu de naissance que s'attache la loi pour déterminer la nationalité de l'enfant, c'est l'origine des parents qu'elle considère pour fixer sa qualité, pour le rattacher à la patrie de son père ou de sa mère, au lieu de le lier au sol sur lequel le hasard peut l'avoir jeté : c'est le principe du droit Romain qui supplante le principe territorial du droit féodal. Le Code ne le dit pas en termes exprès; mais cela ressort incontestablement de l'art 10, et dans la discussion on l'a formellement proclamé.

Lors donc que nous chercherons si un individu est étranger, nous n'aurons qu'à nous demander s'il est d'origine étrangère : question bien simple et d'une solution facile en général, mais qui, dans certains cas, pourra soulever de graves difficultés. Voici, en effet, les diverses hypothèses qui se présenteront :

1° L'enfant est né en légitime mariage : Il sera étranger si son père l'est, alors même que sa mère serait Française, *connubium efficit ut qui nascitur, patris conditioni accedat*, Gaïus, I, 80.

2° L'enfant est né hors mariage et n'a été reconnu ni par son père ni par sa mère : Comme ici on ne peut lui attribuer la nationalité de ses parents, tous deux inconnus, il faut en revenir à la règle de l'ancien droit et déterminer la condition de l'enfant d'après son lieu de naissance, puisque c'est là la seule donnée que nous possédions. D'ailleurs, grande est la probabilité qu'un enfant né sur le territoire appartient à des nationaux plutôt qu'à des étrangers. Cette décision s'applique aux enfants-trouvés, comme aussi aux enfants adultérins ou incestueux, qui ne peuvent être reconnus, art. 335.

3° L'enfant est né hors mariage et n'a été reconnu que par son père ou par sa mère : Il suivra la condition de celui de ses auteurs auquel il se rattache.

4° L'enfant est né hors mariage et a été reconnu tout à la fois et par son père et par sa mère : Au premier abord, je serais fort tenté d'appliquer ici, comme on le faisait dans l'ancien Droit, la règle *partus ventrem sequitur*. Réflexion faite, je crois qu'il faut plutôt attribuer à l'enfant la nationalité du père, et voici pourquoi : la règle Romaine était faite, non pour l'enfant naturel proprement dit, mais pour l'enfant né du concubinat, c'est-à-dire d'un commerce naturel qui ne formait entre le père et le fils aucun lien civil, aucune relation de puissance paternelle. Il est vrai que, dans l'ancien Droit, les auteurs, et notamment Pothier, appliquaient le vieil adage à l'enfant naturel, tel que nous l'entendons ; mais puisque le Code ne reproduit pas formellement cette doctrine, profitons de son silence pour rejeter les erreurs de ses devanciers et pour repousser une règle qui ne nous est imposée par aucun texte et qu'aucune loi ne consacre. L'enfant naturel reconnu par ses deux auteurs se trouve vis-à-vis d'eux dans une position analogue, sinon entièrement semblable à celle de l'enfant légitime : comme lui, il prend le nom de son père; comme lui, il est soumis à la puissance du père; comme lui, il doit, au moment du mariage, subir, en cas de dissentiment entre les parents, la volonté prépondérante du père. Si, sous tous ses rapports, sa position est la même, pourquoi donc serait-elle autre lorsqu'il s'agit de la nationalité ; et si c'est le père qui joue le principal rôle dans cette espèce de ménage naturel, pourquoi donc s'effacerait-il devant la mère quand il y aurait lieu de déterminer la nationalité de l'enfant ? N'est-il pas inadmissible que le père, qui lui transmet son nom, ne lui transmette pas sa patrie ? Rien ne nécessite une pareille anomalie : la loi ne la proclame pas ; tout au contraire, dans la discussion M. Malleville disait formellement, « qu'en reconnaissant l'enfant le père lui donne sa nationalité. » C'est une déclaration qui suffirait, à défaut d'autres raisons, pour rendre ma décision inattaquable. Mais, disent quelques personnes, vous allez donc permettre à un étranger, qui pendant des années aura laissé dans l'abandon l'enfant qu'il a eu d'une Française, de venir tout à coup lui ravir sa qualité de Français à l'aide d'une reconnaissance tardive ? J'avoue qu'il pourra être dur pour l'enfant de perdre sa nationalité ; mais il faut se placer au-dessus de ces questions personnelles et envisager la difficulté de plus haut, sans nous préoccuper des inconvénients qui en résulteront pour tel individu dans un cas plus ou moins hypothétique qu'il plaira d'imaginer. Des inconvénients... mais le système contraire peut en offrir tout autant, si nous supposons que c'est une femme étrangère qui vient reconnaître après coup l'enfant naturel d'un Français. Des inconvénients... mais notre système peut aussi être à l'avantage de l'enfant, si c'est le père Français qui vient le reconnaître et lui enlever ainsi la nationalité étrangère de la mère. Laissons donc de côté ces considérations de fait, qui, en s'adressant au cœur, risquent fort d'égarer la raison, et sont tout à fait déplacées dans notre question ; c'est en l'examinaut froidement sans, arrière-pensée, que la jurisprudence est arrivée à la solution que nous proposons ici, .en réservant toutefois à l'enfant, qui souffrirait de la reconnaissance, le droit de la contester.

Mais à quelle époque faudra-t-il se reporter pour attribuer à l'enfant la nationalité de ses parents, à celle de la conception ou à celle de la naissance? Supposons que les parents, étrangers au moment de la conception, soient Français au jour de la naissance, ou *vice versa*. L'enfant sera-t-il étranger ou Français? Le droit Romain distinguait suivant que c'était la nationalité du père ou celle de la mère qui devait échoir à l'enfant : était-ce celle du père, il remontait au jour de la conception, car dès lors l'enfant se trouve détaché de lui pour devenir un être à part; était-ce celle de la mère, il prenait le jour de la naissance, parce que jusque là l'enfant ne forme qu'un seul tout avec elle et confond son existence avec la sienne.

Des auteurs modernes adoptent encore cette distinction, soit dans toute sa portée, soit en la tempérant par la règle *Infans conceptus pro nato habetur quoties de commodis ejus agitur*. M. Demangeat fait très-bien remarquer combien cette distinction, fondée en physiologie, est fausse au point de vue du droit, et je l'approuve fort lorsqu'il soutient que l'enfant dans le sein de sa mère ne se confond pas tellement avec elle qu'il n'ait déjà une existence propre, reconnue par la loi et protégée par les peines de l'avortement. Comme lui, je repousse cette distinction surannée, mais je me sépare de lui, quand j'arrive à tirer mes conclusions : qu'il s'agisse du père, qu'il s'agisse de la mère, ma règle sera la même; dans l'un comme dans l'autre cas, c'est le moment de la naissance que je crois devoir considérer, tandis que M. Demangeat considère celui de la conception. Je pourrais, si je le voulais, invoquer le texte des art. 9 et 10, qui tous deux parlent d'enfant *né* et non *conçu*. Mais je renonce volontiers à cet argument de texte, quoique mes adversaires ne le dédaignent pas lorsqu'ils veulent exclure du bénéfice de l'art. 9 l'enfant conçu en France, mais né à l'étranger. Je demanderai donc à l'autre opinion sur quoi elle se fonde pour remonter au jour de la conception. Sur l'autorité du droit romain? Elle la décline. Sur un

texte de loi ? Le Code est tout au moins muet. Sur quoi donc ?
Sur une fiction, mais sur une fiction qui n'est admise chez nous
qu'exceptionnellement, dans trois cas nettement déterminés. On
me dira peut-être qu'il y a là un argument *a fortiori* et que,
si la loi considère l'enfant comme né du jour de la conception
lorsque ses intérêts matériels sont en jeu, à plus forte raison
doit-elle le considérer comme tel lorsqu'il se traite de sa nationalité. J'admettrais cette argumentation si effectivement les intérêts de l'enfant se trouvaient compromis par mon système. Sans
doute, dans tel cas donné, il pourra être plus avantageux pour
l'enfant de réclamer la nationalité qu'avaient ses parents au
jour de sa conception; mais, je le répète, ce n'est pas pour les
cas spéciaux que la loi a été faite. Eh bien! en principe général,
n'importe-t-il pas à l'enfant de partager la nationalité de ses
parents et d'être citoyen du pays où ils résident, et où lui-même
sera élevé ? N'importe-t-il pas à la famille que tous ses membres
partagent la même nationalité et les mêmes droits, au lieu
d'être séparés par de choquantes distinctions qui souvent entraînent pour les uns au profit des autres de regrettables incapacités ? N'importe-t-il pas enfin à l'État qu'on ne lui rattache
pas forcément et contre son gré des enfants d'étrangers dont
il n'aura pas l'affection et dont il ne pourra guère réclamer les
services ? Ainsi l'intérêt de l'enfant, celui de la famille, celui
de l'État sont sauvegardés par mon système, et c'est l'opinion
contraire qui met ces trois intérêts en péril. Favorable à l'enfant,
il a pour lui le silence, pour ne pas dire le texte de la loi, et, si
la doctrine ne l'a pas accueilli jusqu'ici, la jurisprudence lui a
été moins contraire (arrêt de cassation du 15 juillet 1840.)

Il est toutefois un cas où le système que je propose, ne saurait
être applicable; c'est celui où le père est mort avant la naissance
de l'enfant. L'enfant prendra alors, suivant moi, la nationalité
que le père avait au moment du décès et qu'il aurait sans doute
conservée. Je reconnais que cette solution peut paraître étrange;
je crois cependant devoir la proposer par les mêmes motifs qui
m'ont décidé à m'écarter en cette manière de l'opinion généralement reçue : la question de légitimité et celle de nationalité ne

me semblent pas unies par un lien tellement étroit qu'il faille leur appliquer à toutes deux la même règle.

Nous avons dit que l'origine seule, indépendamment du lieu de naissance, détermine la nationalité de l'enfant. Cette règle, rigoureusement exacte sous le système du Code, vient de recevoir une atteinte sérieuse de la loi du 7 février 1851, qui déclare Français les enfants nés en France d'un Français qui lui-même y est né. Ce retour à l'ancien principe était depuis longtemps désiré, et il règle enfin l'état de nombreuses familles dont la condition était naguère incertaine, ou plutôt qui pouvaient capricieusement changer de nationalité au gré de leurs intérêts et de leurs passions. Il s'agit de cette classe considérable d'étrangers appartenant à des familles fixées en France depuis longtemps, sans cependant avoir jamais rempli les conditions voulues pour la naturalisation : d'après les apparences, ils étaient Français, et passaient pour tels jusqu'à ce qu'un jour ils se prévalussent de leur qualité d'étrangers pour se soustraire à quelque charge publique. C'était là un abus fâcheux : tant qu'il ne s'agissait que de jouir des avantages attachés à la qualité de Français, ils étaient heureux de passer pour tels; mais sitôt qu'arrivaient les charges, la conscription, la garde nationale, le jury, ils jetaient le masque et invoquaient leur extranéité, qu'ils avaient si bien cachée jusque-là. En présence du texte de la loi, la jurisprudence et la doctrine faisaient de vains efforts pour déjouer cette fraude; pour y mettre fin il fallait l'intervention du pouvoir législatif, et il intervint par la loi de 1851. Aujourd'hui les enfants d'étrangers nés dans les conditions dont nous parlons, seront Français dès l'instant de leur naissance. Leurs parents sont fixés en France, eux-mêmes y sont élevés, aux yeux de tous ils ont l'apparence de Français; qu'ils en aient donc et le titre et les charges, comme ils en ont aussi les profits. Cependant comme il ne faut pas imposer de force la nationalité française, comme c'est un bien trop précieux pour qu'on en fasse une peine, la loi laisse à ces personnes le droit de la refuser : dans l'année de leur majorité elles pourront réclamer la qualité d'étrangères par une déclaration faite, soit devant l'autorité municipale du lieu de leur résidence, soit devant les agents diplo-

matiques ou consulaires accrédités en France par les gouvernements étrangers. De cette manière, l'inconvénient qne nous si-
gnalions plus haut, disparaît : mis en demeure de se prononcer,
le fils de l'étranger ne pourra plus modifier à son gré sa nationalité, qui sera fixée une fois pour toutes.

Faut-il appliquer la loi de 1831 à l'enfant né en France d'un
ex-Français qui lui-même y est né ? Il est incontestable que les
auteurs de cette loi, uniquement préoccupés de régler le sort des
familles étrangères depuis longtemps fixées en France, ne songeaient pas au cas que j'examine ; cependant, il me semble im-
po-sible de ne pas y appliquer ses dispositions par *a fortiori* ;
car ici les apparences sont encore plus trompeuses, et l'enfant
est encore plus digne de faveur à cause de son origine française et
des liens si étroits qui le rattachent à la France.

Les individus dont il est question dans cette loi, devront-ils
subir la conscription, dont le terme précède la majorité ? Oui,
sans doute, sauf à eux à quitter le service lorsqu'ils seront en
âge d'opter pour une autre nationalité : quoiqu'ils n'aient la
qualité de Français que sous condition résolutoire, ils jouissent
provisoirement de tous les profits qui s'y rattachent ; il n'est
donc que de la plus stricte justice de les soumettre, au moins
momentanément, à toutes les charges qui en dérivent.

§ 2. *Étrangers par un fait postérieur à la naissance.*

On devient étranger, 1º par un démembrement de territoire ;
2º par une abdication volontaire ; 3' par une déchéance légale.

1º *Démembrement de territoire.*

Le Code ne parle pas de cette hypothèse, dont la réalisation ne
pouvait guère se présenter à l'esprit des législateurs de 1804,
éblouis par les splendeurs et les triomphes du Consulat. Malheureusement, les désastres de 1814 et de 1815 ne vinrent
que trop tôt signaler cette lacune, qu'il est de notre devoir de
combler. Plaise au Ciel que la question reste désormais dans le
domaine de la spéculation, qu'elle ne se représente plus jamais
dans la pratique ! En principe, tous les publicistes le reconnais-

seat, lorsqu'un territoire est détaché d'un État pour être réuni
à un autre, la condition des habitants subit le même changement. Toutefois, la transition ne doit pas être trop brusque, et
on doit même réserver aux citoyens du pays cédé le droit de
conserver leur ancienne nationalité, à la condition de venir,
avant l'expiration d'un certain délai, se fixer dans les provinces
qui continuent de faire partie de leur première patrie. — Cette
théorie n'a, toutefois, pas été respectée par la loi, aujourd'hui
abrogée, du 18 octobre 1814, qui s'est bornée à faciliter l'acquisition de la nationalité française aux habitants des provinces
démembrées, au lieu de la leur reconnaître de plein droit.

2° *Abdication volontaire.*

Sous cette rubrique je place trois cas différents :
1° L'acquisition de la naturalisation en pays étranger ;
2° L'établissement en pays étranger sans esprit de retour ;
3° Le mariage d'une Française avec un étranger.

Faut-il ajouter, en quatrième lieu, le cas où un individu ab-
diquerait sa patrie sans en choisir une autre? Le projet du Code
l'indiquait expressément ; s'il a disparu dans la réaction définitive, ce n'est que par suite d'une omission, la discussion n'ayant
jamais porté sur ce point. Le Code, qui permet l'abdication tacite
provenant de l'établisement en pays étranger, doit à plus forte
raison autoriser la renonciation volontaire. De tout temps il a
été admis par les publicistes que l'homme doit être libre de renoncer à sa patrie, et ce n'est qu'à des époques d'égarement
que ce droit lui a été contesté par la tyrannie du législateur.
Libre donc à lui d'abandonner sa patrie, sauf à elle de refuser
toute protection à l'enfant ingrat qui la quitte ; peu lui importe
d'ailleurs qu'il en choisisse une autre ou qu'il reste seul et isolé
pour se faire le citoyen de l'univers.

A. *Naturalisation acquise en pays étranger.*

La loi française n'admet pas qu'on puisse appartenir en même
temps à deux pays : celui donc qui se fait naturaliser en pays
étranger, prouve par là, suivant elle, son intention d'abdiquer

sa patrie. Mais il faut pour cela que la naturalisation soit ac-quise, et il ne suffirait pas qu'elle fût simplement demandée : la simple obtention de la jouissance des droits civils ou la *deni-zation*, qui y répond à peu près en Angleterre, ne saurait donc entraîner la perte de la nationalité française. Il faut de plus que ce soit par sa volonté que le Français ait été naturalisé en pays étranger. Si donc la loi étrangère lui conférait la naturalisation par suite d'un acte qui ne produirait pas le même effet chez nous et auquel lui-même n'entendait pas faire produire cet effet, il resterait Français, car il n'y avait pas là de sa part une abdication : c'est ce qui arriverait, par exemple, dans le cas où une loi étrangère naturaliserait de plein droit tous ceux qui achè-tent des immeubles ou qui se marient dans le pays. Toutefois il arrivera souvent en pareil cas que ce Français aura perdu sa nationalité pour s'être établi sans esprit de retour en pays étranger ; mais il y aura là une question de fait à apprécier.

B. *Etablissement formé en pays étranger sans esprit de retour.*

Le Français qui va s'établir à l'étranger, qui y transporte tous ses biens, qui rompt complètement ses relations avec sa patrie, est naturellement censé vouloir l'abdiquer. N'y eût-il même pas ab-dication volontaire de sa part, la décision de la loi devrait encore être la même, car la France ne doit plus sa protection à qui la quitte pour toujours et la prive à tout jamais de ses services. Le Code n'indique pas les circonstances qui feront supposer la perte de l'esprit de retour : c'est là une question laissée à l'appré-ciation des tribunaux; mais jamais, dit le texte, les établissements de commerce ne peuvent être considérés comme faits sans es-prit de retour. Est-ce à dire que le Français qui va fonder un établissemment de commerce à l'étranger, ne sera jamais censé avoir perdu l'esprit de retour, alors même qu'il serait évident qu'il a pour toujours renoncé à sa patrie, qu'il a rompu tout rap-port avec elle, par exemple, s'il avait vendu tous ses biens de France, contracté mariage à l'étranger, adopté un nom étranger, mis ses enfants au service de l'étranger et dans mille autres cir-constances analogues? On l'a soutenu, mais il me semble qu'une pareille interprétation du texte est des plus fausses: Le législateur, comprenant à merveille les besoins du commerce, n'a pas voulu que la crainte de perdre leur nationalité ralentît l'ardeur d'esprits entreprenants disposés à tenter la fortune dans des contrées lointaines ; il les a débarrassés de cette entrave, et leur a dit : « Partez, ne craignez rien ; vos efforts, vos entreprises, vos établissements sont utiles à la mère-patrie ; c'est pour elle que vous travaillez en travaillant pour vous-mêmes, c'est à elle que vous rapporterez le fruit de vos labeurs et le produit de vos économies ; elle aussi ne vous oubliera pas, et elle continuera à vous regarder comme ses enfants. » Voilà quelle est la pensée de la loi ; mais si telles ne sont pas les intentions du commerçant qui va à l'étranger, s'il ne veut plus avoir de rapport avec sa patrie, si par des actes clairs et péremptoires il manifeste cette intention, oh ! alors il est libre, et la loi ne repoussera pas son abdication, qui, pour être tacite, n'en est pas moins incontestable.

C. *Mariage d'une Française avec un Étranger*, 19.

Ici nous ne retrouvons pas une abdication tout à fait aussi volontaire que dans les cas précédents. Sans doute, la Française qui épouse un étranger, ne change de nationalité que parce qu'elle veut bien l'épouser, et, sous ce rapport, il y a de sa part un acte spontané et volontaire. Mais il peut arriver que, tout en consentant à s'unir à un étranger, elle désire conserver sa nationalité et manifeste formellement ce désir ; elle ne l'en perdra pas moins pour cela, et sous ce rapport sa volonté est enchaînée ; nous ne trouvons plus cette abdication volontaire que nous avons rencontrée jusqu'ici. Du moment qu'elle consent à épouser un étranger, il faut que la femme se résigne à prendre bon gré malgré sa nationalité ; et ce n'est pas nous qui ferons un reproche au législateur de cette nécessité qu'il lui impose. C'est se faire du mariage une grande et noble idée que d'exiger des deux époux communauté de patrie : partageant le même domicile, habitant le même pays, ils doivent appartenir à la même patrie ; au moment de s'épouser, ils doivent confondre leurs deux nationalités en une seule.

D'après ce raisonnement, ne semble-t-il pas qu'il faille décider que la femme ne pourra jamais avoir d'autre nationalité

que le mari et que les changements survenus dans l'existence
de l'un auront leur contre-coup dans celle de l'autre? Certes la
conséquence est évidente, et pourtant ce n'est qu'en tremblant
que j'ose le proposer; car je n'ignore pas que je m'attaque à une
opinion universellement reçue. Cependant n'y a-t-il pas une
étrange inconséquence à décider que la femme, qui doit suivre
la condition du mari au moment du mariage, n'est plus soumise
plus tard à cette nécessité? Quelle raison de distinguer, je
le demande? L'intérêt du ménage, de la bonne harmonie
entre époux n'est-il plus le même, le besoin d'union ne crie-
t-il plus aussi haut qu'à l'origine? A coup sûr, personne ne le
prétend; mais, dit on, il ne peut pas dépendre du mari de dé-
pouiller la femme d'une qualité essentiellement personnelle, et il
ne serait pas juste que sa compagne subît une déchéance pénale
qu'il aura encourue par sa faute. Sans doute, je reconnais qu'il
ne faut jamais frapper un innocent, et je me borne à demander
une juste interprétation de la volonté de la femme. Eh bien, en
se mariant, n'a-t-elle pas prévu que peut-être elle devrait un
jour changer de nationalité avec son mari, n'a-t-elle pas d'a-
vance accepté cette nécessité, ne s'est-elle pas résignée à ce sacrifice exigé par l'union et l'harmonie de la société conjugale?
Elle qui associait son existence à celle de son mari, elle qui
s'engageait à partager toutes ses peines et tous ses malheurs, à le
suivre en exil ou à s'expatrier avec lui, elle ne songeait certes
pas qu'un jour elle aurait une autre patrie que lui. En consentant
à tout partager avec lui, elle ne faisait pas de réserve pour sa
nationalité, et elle l'immolait avec toutes ses affections dans ce
sacrifice général. Ce n'est donc pas une déchéance que nous entendons prononcer contre elle; nous ne faisons que donner une
interprétation saine et raisonnable de sa volonté. Toute autre
abaisserait le rôle de la femme et méconnaîtrait la noblesse de
son caractère; la nôtre rend justice à son abnégation et la
maintient au rang qu'elle a droit d'occuper. Remarquons d'ailleurs que, dans la plupart des cas, la femme qui aura suivi son
mari à l'étranger, sera censée avoir perdu l'esprit de retour et
tombera ainsi indirectement sous l'application de l'art. 17.

Ainsi, en résumé, suivant nous, mais non suivant la majorité
des auteurs, la femme Française devient étrangère quand elle

épouse un étranger ou que son mari perd sa nationalité. Mais l'art. 15 va trop loin, quand il dit qu'elle suit la condition de son mari. Tout ce que peut faire la loi française, c'est de la déclarer déchue de sa qualité de Française ; lui conférer une nationalité étrangère, elle ne le peut. Si donc le statut du mari ne reconnaît pas entre époux cette communauté, cette identité de patrie, le Code n'est pas en droit de disposer d'un bien qui ne lui appartient pas. C'est ce qui arrivera , par exemple, quand une Française épousera un Anglais : tout en déplorant le résultat auquel nous sommes forcément amené, nous devons déclarer que la femme cessera d'être Française sans cependant devenir Anglaise.

3° *Déchéance pénale,*

Les articles 17, 20 et 21 prononcent la perte de la qualité de Français contre quiconque accepte sans autorisation du gouvernement Français des fonctions publiques d'un gouvernement étranger (1), ou prend du service militaire chez l'étranger, ou s'affilie à une corporation militaire étrangère. Examinons de près ces divers cas.

A. *Acceptation non autorisée de fonctions publiques conférées par un gouvernement étranger.*

La loi craint que l'exercice de ces fonctions ne soit incompatible avec les devoirs du citoyen Français ; elle exige donc l'autorisation préalable de l'Empereur, qui estimera si cette incompatibilité existe ou non. Peu importe d'ailleurs la nature des fonctions, qu'elles soient administratives, diplomatiques ou autres ; je n'excepterai même pas les charges ecclésiastiques dans les pays où, comme en France, les prêtres sont de véritables fonctionnaires rétribués par l'État ; mais ceci naturellement dépendra de l'organisation différente des Églises des divers pays.

---

(1) *Ou une distinction contraire à la loi Française,* disait la première édition du Code ; le rétablissement de la monarchie et de la noblesse fit effacer cette disposition, qui n'avait plus de raison d'être, mais dont on a laissé par erreur une trace dans l'art. 18.

B. *Acceptation du service militaire chez l'étranger.*

Cette disposition est dictée par les mêmes motifs que la précédente; je n'y insiste donc pas.

Ces dispositions avaient reçu une singulière extension de deux décrets du 6 avril 1809 et du 26 août 1811, dont l'étude ne rentre pas dans mon cadre. Je les laisse donc entièrement de côté, d'autant plus qu'à mon avis ils n'ont plus qu'un intérêt rétrospectif. Toutes les peines qu'ils prodiguaient avec une déplorable profusion. confiscation, mort civile, ont successivement disparu de nos lois; les crimes nouveaux qu'ils établissaient, n'ont pas été reproduits par le Code Pénal; et les Cours spéciales auxquelles ces crimes étaient déférés, ont heureusement été abolies. Quand même d'ailleurs tous ces motifs de leur refuser aujourd'hui toute portée n'existeraient pas, on pourrait soutenir que l'inconstitutionalité de leur origine a dû les faire tomber en 1814 avec le souverain qui les avait rendus. En tout cas, ce n'est que dans un intérêt purement théorique que j'ai cru devoir les mentionner ici, à propos des diffé-rents modes d'acquérir la qualité d'étranger.

§ 3. *Comment on cesse d'être Étranger.*

On cesse d'être étranger pour devenir Français de trois manières différentes : 1o Par une acquisition de territoire ; 2o Par la naturalisation : 3o Par le bienfait de la loi.

1° *Acquisition de territoire.*

Nous avons vu que, lorsqu'une province change de nationalité, ses habitants subissent le même sort : vient-elle à être détachée de la France, nous savons que ses habitants deviennent étrangers ; réciproquement ils deviendront Français quand la province sera incorporée, annexée comme on dit aujourd'hui, à la France. L'incorporation peut s'effectuer soit par conquête, comme nous l'avons vu pour la Lombardie ; soit par une cession volontaire, comme pour Nice et la Savoie ; soit même, d'après le dernier état du droit public, par le vœu libre des populations, comme pour les provinces de l'Italie centrale et méridionale.

Mais dans tous ces cas l'incorporation n'existera légalement qu'autant qu'elle aura été sanctionnée par un traité.

Le Code ne parle pas de ce mode d'acquisition de la qualité de Français, qui tient plus au droit public qu'au droit civil ; d'ailleurs des lois politiques spéciales viennent d'habitude à la suite des traités pour régler la condition des habitants des provinces conquises ou cédées.

2° *Naturalisation*.

Beaucoup d'auteurs confondent ce mode avec le suivant, bien à tort selon nous, puisque leurs effets sont essentiellement différents. L'étranger qui veut acquérir la qualité de Français en vertu du bienfait de la loi, revendique un droit qui lui est formellement reconnu ; il lui suffit de prouver qu'il remplit les conditions voulues, pour en jouir immédiatement, de plein droit, sans qu'il ait à demander le consentement de qui que ce soit. Au contraire, dans la naturalisation proprement dite, l'étranger n'a aucun droit à faire valoir, c'est une simple faveur qu'il sollicite ; il se trouve donc à la merci du gouvernement, qui peut à son gré accueillir et repousser sa demande, sans que lui solliciteur puisse se plaindre en cas de refus.

Nous dirons aussi que, suivant quelques-uns, la naturalisation ne suffit pas pour conférer l'éligibilité politique, qui résulte incontestablement de l'acquisition par le bienfait de la loi.

Il y a donc là deux situations bien tranchées, et notre division se trouve ainsi plus que justifiée.

Dans l'ancien Droit, le Roi naturalisait l'étranger par lettres patentes délivrées en Grande Chancellerie et enregistrées au Parlement et à la Chambre des Comptes. A l'époque de la Révolution, on en avait tellement facilité les conditions qu'elles étaient devenues dérisoires, et qu'elles avaient fini par ôter tout prix à cette qualité de Français, trop précieuse pour devoir être aveuglément prodiguée. C'est ainsi que la Constitution de 1793 se contentait d'un an de séjour pour l'étranger qui « vit en « France de son travail, y acquiert une propriété, y épouse une « Française, adopte un enfant ou nourrit un vieillard. » Cet état de choses n'était pas tolérable : aussi la Constitution de 1793 se moutre-t-elle déjà plus rigoureuse en exigeant de l'étranger une déclaration préalable de son intention de fixer son domicile en France; et celle de frimaire an VIII, qui forme la base du système actuel, va encore bien plus loin Aux termes de son art. 3, l'étranger devenait Français lorsqu'après avoir accompli sa vingt-et unième année, il avait manifesté son intention de fixer son domicile en France et y avait effectivement résidé pendant dix ans. On devenait donc Français de plein droit par cela seul qu'on avait résidé dans le pays pendant un certain délai, après avoir exprimé l'intention de s'y fixer; la loi n'exigeait aucune autorisation, aucun consentement du Gouvernement. Il faut avouer que ce système pouvait donner lieu à de graves abus et fournir à des gens indignes de le porter, les moyens d'acquérir un titre qu'ils allaient déshonorer. Le Gouvernement, toutefois, le comprit; mais, pour prévenir le mal, il en fit un plus grand, en limitant par des moyens inconstitutionnels ces facilités excessives. C'est ainsi qu'un avis du conseil d'État des 18-20 prairial an XI décide que les dix ans de stage ne courront que du moment où l'étranger aura été autorisé à s'établir en France; c'est ainsi qu'un décret du 19 mars 1809 établit que les dix ans de stage une fois révolus, il faudra encore que l'Empereur accorde expressément la naturalisation. Le même décret indique la procédure à suivre : l'étranger qui a achevé son stage de dix ans, transmet au maire de sa commune les pièces à l'appui de sa demande; le maire les envoie au préfet, qui les fait parvenir, avec son avis, au Ministre de la justice; enfin, l'Empereur, sur l'avis du Ministre, prononce la naturalisation.

Un sénatusconsulte provisoire du 26 vendémiaire, an XI, rendu définitif par un autre du 19 février 1808, facilite ces moyens et simplifie la marche dans l'intérêt de certains étrangers, dignes de plus de faveur que les autres, que la France désirerait s'attacher. Il permet à l'Empereur d'accorder la naturalisation, après un an de domicile, aux étrangers qui auront rendu des services importants à l'État, ou qui apporteront des talents distingués, une industrie ou des inventions utiles, ou qui formeront de grands établissements. Enfin, une ordonnance du 3 juin 1816 déclare que, pour devenir apte à être député ou pair, il faut des lettres de grande naturalisation, délivrées par le roi et vérifiées par les deux Chambres, mais dispensées de toute condition de stage ou autre.

Lors de la Révolution de Février, on revint provisoirement à un système beaucoup plus large : un décret du 8 mars 1848 naturalise tous les étrangers qui ont cinq ans de séjour et une attestation du Préfet qui les déclare dignes de cette faveur. Mais ce n'était là qu'une disposition transitoire, et une loi du 3 décembre 1849 vint définitvement régler la matière et faire cesser les doutes que soulevaient la constitutionalité et la force obligatoire des anciens textes. Cette loi les confirme tous et se borne à consacrer législativement l'état de choses qui existait sinon en droit, du moins en fait, avant la révolution de 1848. La seule innovation qui s'y trouve, c'est la nécessité d'un *avis favorable* du conseil d'État, tandis qu'auparavant on ne demandait que *son avis*; mais depuis que la Constitution de 1852 a retiré au Conseil tout pouvoir propre, l'avis qui continue à être exigé, n'a plus besoin d'être favorable. Nous voilà donc revenus aux errements du régime Impérial ; en présence de ces changements continuels, de ces incessants revirements de notre législation sur cette matière, il m'est impossible de me défendre d'un sentiment de tristesse. En vain j'y cherche la trace de l'influence de ces principes de fraternité des peuples que j'entends proclamer de tous côtés. Ces nobles principes, ils ont peut-être triomphé dans les rapports politiques des nations; mais dans la vie privée j'attends encore leur triomphe. Un moment ils ont prévalu, mais ce moment a été de courte durée, et après cinquante ans de vaillants efforts et de luttes généreuses, nous retombons à notre point de départ; nous retrogradons d'un demi-siècle. Les dix ans de stage, l'autorisation préalable du Gouvernement et son autorisation définitive, la grande et la petite naturalisation, tout cela reparaît et vient détruire les espérances qu'avait fait naître le décret de 1848. Évidemment ces conditions sont trop rigoureuses, et la faculté de réduire le stage à un an n'offre pas un palliatif suffisant. Si un grand talent se montre à l'étranger, si une grande découverte a lieu, il faut que la France puisse immédiatement s'approprier l'invention ou le génie. Eh bien! elle ne le peut pas; il faut que le Gouvernement le fasse patienter un an; mais l'étranger ne voudra pas quitter son pays avec la simple perspective de devenir Français; il ne voudra pas courir les chances de cette attente d'un an, qui pourra souvent lui coûter sa propre nationalité sans lui en valoir une autre en échange; il ne le voudra pas, et la France, intéressée à cette acquisition, sera forcée de s'en passer.

Mais assez de critiques : la loi existe, il faut nous y soumettre et en déduire les conséquences.

La loi de 1849. disions-nous, a conservé la grande naturalisation. Cependant cette disposition de l'art. 1er se trouve abrogé par le décret organique du 2 février 1 52. qui déclare éligibles tous les électeurs âgés de 25 ans; et est électeur tout Français âgé de 21 ans accomplis, sans qu'il existe aucune restriction au préjudice des étrangers naturalisés. D'un autre côté, aux termes de la Constitution de 1852, le Sénat comprend de plein droit tous les cardinaux, maréchaux et amiraux; comme il n'est pas douteux qu'un étranger naturalisé peut être appelé à une de ces fonctions, il est évident qu'un étranger pourra de plein droit entrer dans le Sénat. — 'est du reste, ainsi que dans la pratique ces dispositions ont été interprétées.

Les formalités édictées par la loi de 1849 sont-elles indispensables, ou bien une loi ne pourrait-elle pas naturaliser d'emblée un étranger sans le faire passer par cette série de formalités et de difficultés que nous venons de rencontrer? Nous ne voyons pas pourquoi le Gouvernement, qui est autorisé à conférer la grande naturalisation, ne pourrait pas *à fortiori* accorder la petite, pourvu qu'il fît intervenir le pouvoir législatif, conformément à l'art. 1.

Les art. 17 et 18 du Code nous montrent qu'il y a des étrangers privilégiés au point de vue de la naturalisation, que la loi dispense du stage de dix ans : ce sont les Français qui ont perdu leur nationalité par une des causes que nous connaissons. Pour eux, la loi est moins sévère que pour les autres étrangers ; elle reçoit à bras ouverts ces enfants prodigues qui reviennent dans la maison paternelle ; ces ex-Français recouvrent leur nationalité, non pas de plein droit, comme leurs enfants, mais en vertu d'une naturalisation privilégiée. Il leur faut bien l'autorisation du Gouvernement pour rentrer en France, comme à tous autres étrangers; mais ils ne sont pas tenus d'attendre pendant dix ans, après lesquels le Gouvernement serait encore maître de leur refuser la naturalisation. En résumé, il faudra : 1°, qu'ils rentrent en France avec l'autorisation du Gouvernement (nous verrons même que cette condition n'existe pas pour la veuve qui réside en France); 2° qu'ils déclarent que leur intention est d'y fixer leur domicile. L'art. 18 ajoutait comme troisième condition qu'ils doivent renoncer à toute distinction contraire à la loi française; ceci s'expliquait lorsque, dans la première édition du Code, l'art. 17 faisait résulter la perte de la qualité de Français de l'affiliation à une corporation étrangère exigeant des distinctions de naissance. Mais quand, dans la seconde édition, on fit disparaître cette disposition de l'art. 17, on aurait dû rayer également cette partie de l'art. 18, qui n'avait plus de raison d'être ; ce n'est que par inattention qu'elle a été maintenue.

Parmi ces ex-Français qui veulent recouvrer leur nationalité première, il est deux classes sur lesquelles nous devons un instant arrêter notre attention : 1° La femme qui l'a perdue par son mariage avec un étranger; 2° Le Français qui l'a perdue pour avoir pris du service militaire à l'étranger.

1° *La femme, art.* 19. Elle peut, lorsqu'elle est devenue veuve, recouvrer sa qualité de Française, en rentrant en France avec l'autorisation du Roi et en déclarant qu'elle veut s'y fixer. Cette autorisation n'est même pas nécessaire si la veuve réside déjà en France, distinction étrange que je n'ai jamais pu m'expliquer; quoi, parce qu'au décès du mari, la veuve se trouvera par un hasard quelconque en France elle pourra de plein droit devenir Française; tandis que si elle se trouve à l'étranger, le recouvrement de sa natonalité dépendra de la volonté, du caprice de l'administration. Pour être juste, il eût fallu assimiler ces deux cas et ne pas subordonner un droit aussi important au fait purement accidentel de la résidence.

La disposition de l'art. 19 s'appliquait évidemment au divorce, avant la loi de 1816.

2° *Français qui a perdu sa qualité pour avoir pris du service militaire à l'étranger ou s'être affilié à une corporation militaire étrangère.* Ici la loi se montre plus rigoureuse, et traite l'ex-Français comme l'étranger ordinaire, soumis à la nécessité du stage décennal, 21. — Néanmoins, dans la pratique on a conservé la disposition du décret de 1811, qui permet de le relever de cette déchéance à l'aide des *lettres de relief.*

Effets de la naturalisation.

L'étranger naturalisé devient Français et acquiert la plénitude des droits civils et politiques. Avant la dernière loi électorale, il différait du Français proprement dit en ce que l'accès des Chambres lui était interdit lorsqu'il n'avait pas obtenu la grande naturalisation ; mais nous avons déjà vu que cette distinction a disparu ; l'étranger naturalisé est donc aujourd'hui citoyen Français, dans toute l'étendue du terme.

La naturalisation produit-elle des effets dans le passé ? Pour l'étranger proprement dit, la question ne paraît même pas se présenter ; mais on l'a discutée pour les ci-devant Français et autres étrangers privilégiés. Mais, même pour eux, poser la question, c'est, suivant moi, la résoudre ; si favorable que leur soit la loi, on ne comprend pas comment, en recouvrant leur nationalité primitive ou celle de leurs ancêtres, ils pourraient faire anéantir des droits légalement acquis dont ils ont été à juste titre exclus. Cependant les auteurs étaient divisés sur ce point dans l'ancien Droit, et l'art. 20 a dû formellement résoudre la question dans le sens que nous indiquons. Et même en présence de ce texte, les controverses ont continué Toullier s'est imaginé qu'après avoir fait la déclaration prescrite, l'étranger né en France sera réputé avoir toujours été Français ; il y aurait donc là une condition suspensive apposée à l'acquisition de la qualité de Français par droit de naissance. Pour cela, il invoque le mot *Réclamer* qui se trouve dans notre article et qui semble impliquer un droit acquis préexistant, puis l'art. 20, qui en renvoyant aux art. 10, 18 et 19, ne cite pas l'art. 9. Mais la réfutation de cette théorie est bien simple : Pour ce qui est du mot *réclamer,* il n'a pas le sens précis qu'on voudrait lui donner, il est tout simplement synonyme de *demander ;* ce qui le prouve, c'est que. dans le cas bien plus favorable de l'art. 10, la loi se sert de l'expression *recouvrer*, qui est bien autrement forte, et pourtant ce cas est compris dans le renvoi de l'art. 20. Si dans l'art. 20 il n'est pas question de cette classe d'individus, c'est que, contrairement à l'ex-Français, contrairement à l'enfant né d'un Français qui a perdu sa qualité, ils n'ont jamais eu la qualité de Français, et que pour eux il ne pourrait, en aucun cas, s'agir de recouvrer les droits échus dans l'intervalle qui s'écoule entre le jour de la perte et celui du recouvrement de leur nationalité. La preuve évidente que le silence de la loi ne doit pas être interprété dans le sens qu'on lui prête, c'est que l'étranger né d'un ex-Français, quoique bien plus favorable aux yeux de la loi que l'étranger de l'art. 9, ne se trouve pas admis au bénéfice de la rétroactivité : à moins d'attribuer une absurdité à la loi, on ne saurait donc établir entre eux la distinction proposée.

Les effets de la naturalisation sont-ils purement personnels, ou bien s'étendent-ils à la femme et aux enfants de l'étranger? Nous avons déjà vu et regretté que pour la femme les auteurs répondent non ; à notre grand regret, nous allons voir que pour les enfants leur solution est la même.

Pour eux, du moins, les avis étaient moins tranchés autrefois et la discussion plus vive ; mais la loi du 7 février 1851 est venue clore la controverse, en déclarant formellement que les changements survenus dans la nationalité du père ne modifient pas de plein droit celle des enfants. Et pourtant ne serait-il pas désirable de prévenir ces distinctions dans le sein d'une même famille, où devrait toujours régner l'harmonie la plus complète? Cette utilité, personne ne la conteste ; mais pour repousser une solution si avantageuse, on invoque je ne sais quel principe, qui n'est écrit nulle part, d'après lequel, la nationalité formant une qualité personnelle, une partie essentielle de l'état des enfants, nul n'a le droit de la leur enlever. Mais qu'importe que ce soit une qualité personnelle? Depuis quand le père, maître de l'éducation et de l'avenir de ses enfants, ne peut-il pas disposer d'une de leurs qualités? La minorité, elle aussi, est une qualité de l'enfant, ce qui n'empêche pas le père d'être maître de l'abréger par anticipation. Il peut, à son gré, modifier le do-

micile de l'enfant, et il n'aurait pas de droits sur sa nationalité,
qui s'y rattache cependant d'une façon si étroite! Voici un
homme qui quitte la France avec toute sa famille pour s'établir
dans quelque pays lointain : il le peut, à coup sûr. Dans ce nouveau séjour, ses enfants vont grandir ; on leur incu'quera des
idées entièrement étrangères aux nôtres ; ils y adopteront des
mœurs toutes différentes, ils s'attacheront à ces lieux et ne son-
geront même plus à la France, et pourtant ils seront restés Français, et leur père qui les a ainsi arrachés de fait à la France,
n'a pas pu les en séparer légalement Ils seront restés Français,
non pour servir les intérêts, pour honorer le nom de la France,
mais pour répudier, dès qu'ils auront l'âge de raison, cette patrie qu'ils connaissent à peine de nom et à laquelle rien ne les
rattache. Mais non, je me trompe, ils n'auront même plus à la
répudier, car ils l'auront perdue par un établissement sans
esprit de retour en pays étranger, et, en dépit de l'opinion générale, le père les aura ainsi privés de leur nationalité primitive
sans avoir pu leur communiquer la sienne. N'est-il donc pas plus
raisonnable de décider, comme nous le proposons ; que les enfants subissent tous les changements qui surviennent dans la
condition du père? Le Code n'offre aucun texte pour repousser
cette solution, et deux écrivains, MM. Demangeat et Fœlix, lui
prêtent l'appui de leur puissante autorité. Malheureusement, la
plupart des auteurs décidaient la question dans le sens opposé,
et c'est leur opinion que consacre la loi 1851. En présence d'un
texte aussi formel toute discussion serait vaine ; mais, tout en
m'inclinant, je ne puis m'empêcher de déplorer le triomphe
d'un système, qui, suivant moi, fausse l'esprit du Code et y introduit un principe éminemment regrettable.

III. *Bienfait de la loi.*

Les étrangers, nous l'avons dit, ne le sont pas tous au même
degré ; il en est qui se rattachent à la France par certains liens,
plus ou moins étroits, dont le législateur doit tenir compte pour
leur faciliter l'acquisition de la nationalité française. L'étranger
né loin de la France d'une famille qui n'a jamais été Française,
n'est certainement pas digne de la même faveur que celui qui a vu

le jour sur le sol Français, ou qui appartient à une famille jadis Française, ou qui a lui-même été Français un jour. Cette différence est sensible, et le Code l'a respectée en établissant une nuance bien tranchée entre ces deux classes d'étrangers : aux uns il impose les rigoureuses conditions de la naturalisation; pour les autres, nous allons trouver des conditions bien plus libérales, qui constituent ce que nous appelons l'acquisition de la qualité de Français par le bienfait de la loi. Naissance sur le sol Français, origine Française de la famille, mariage avec un Français, telles sont les trois positions en vue desquelles le Code a établi ces règles spéciales.

A. *Naissance sur le sol français.* 9.

Le cœur de l'homme est ainsi fait que toute sa vie il ressent un certain attachement pour les lieux qui l'ont vu naître. Cependant ce sentiment varie beaucoup avec les personnes et les circonstances : très-puissant chez les uns, il les attirera sans cesse vers ces lieux et les décidera à s'y fixer, tandis que chez d'autres il se manifestera à peine et ne se traduira par aucun fait. C'est à cause de cette variabilité même, à cause de cette incertitude que le législateur, renonçant au système de l'ancien Droit, ne règle plus la nationalité d'après le lieu de la naissance. Attribuer indistinctement la qualité de Français à tout individu né sur notre sol, c'eût été s'exposer à gratifier de ce bien précieux des gens qui n'en auraient fait aucun cas et qui ne seraient attachés à la France ni par leur éducation, ni par leurs mœurs, ni par leurs affections. Il était donc d'une bonne politique de s'assurer d'abord des dispositions des étrangers qui se trouvent dans une pareille situation et de ne leur accorder la nationalité Française qu'autant qu'ils prouvent pour la France un attachement sérieux, qu'autant qu'ils se montrent dignes d'appartenir à la nation dans le sein de laquelle ils sont nés. C'est là la pensée qui a présidé à la rédaction de l'art. 9. L'étranger né en France pourra, dans l'année de sa majorité, acquérir la qualité de Français, en déclarant, s'il réside en France, que son intention est d'y fixer son domicile, et, dans le cas contraire, en faisant sa soumission de l'y fixer, engagement qu'il doit exécuter dans l'année à compter de l'acte de soumission. Cette déclaration se fait à la municipalité de la résidence actuelle du déclarant, ou de celle dans laquelle il se propose d'établir son domicile.

Les auteurs ont beaucoup agité la question de savoir de quelle majorité parle notre article, si c'est de la majorité française ou de la majorité du pays auquel appartient l'étranger. Il suffit cependant de consulter les principes en matière de statut personnel (il s'agit de majorité), comme aussi de lire l'article pour s'assurer que c'est de cette dernière majorité qu'il s'agit. Quand, à propos d'un étranger, la loi parle de *sa majorité*, ce n'est évidemment pas à la majorité française qu'elle se réfère. Et cela est bien rationnel, car autrement on arriverait à ce résultat inadmissible que le délai fatal d'une année serait souvent expiré avant que l'étranger fût devenu majeur et partant capable d'en profiter; pour être raisonnable, la loi ne doit accorder cette faculté qu'à l'individu qui se trouve en état de l'exercer. On objecte en vain que l'art. 3 de la constitution de l'an VIII fixe expressément l'âge de 21 ans pour les déclarations à faire en vue d'obtenir la naturalisation, disposition reproduite d'ailleurs dans la loi du 3 décembre 1849. C'est juste parce que ces deux lois se servent de termes tout à fait différents de ceux de notre article que notre décision ne doit pas être la même. Ne voit-on pas d'ailleurs que, lorsqu'il s'agit de la naturalisation, la loi ouvre un délai illimité pour l'exercice du droit, tandis que dans l'espèce elle fixe un terme précis et fatal. D'ailleurs, il ne m'est pas démontré que la loi de Frimaire ait entendu avancer l'âge de la capacité pour les étrangers; tout ce qu'elle a entendu dire, c'est qu'ils ne pourront faire leur déclaration avant l'âge de 21 ans, sans vouloir déclarer par là qu'ils le pourront toujours à partir de cet âge.

Évidemment notre article, ne s'applique pas à l'enfant de l'étranger qui, né hors de France, prétendrait y avoir été conçu. Si nous sentons quelque attachement pour le lieu de notre naissance, nous n'en éprouvons guère pour celui de notre conception, qui la plupart du temps nous est même inconnu.

L'art. 9 a été modifié par deux lois postérieures :

1º Une loi du 25 mars 1849 permet à l'enfant né en France

d'un étranger de réclamer la qualité de Français, non plus seulement dans l'année de sa majorité, mais sa vie durant, lorsqu'il se
trouve dans une des deux possitions suivantes : 1º s'il sert ou a
servi dans les armées françaises de terre ou de mer; 2º s'il a satisfait à la loi du recrutement sans exciper de son extranéité.
Dans l'un et l'autre de ces cas, la loi voit un gage suffisant de
l'attachement de cet étranger à la France, pour étendre indéfi-
niment à son profit le bénéfice de l'art 9. Cependant, il faut remarquer que souvent elle ménagera par là à l'étranger une
trop belle position. Si au tirage le sort le favorise, il se gardera
d'exciper de son extranéité; mais, si le sort lui est défa-
vorable, il se hâtera de s'en prévaloir pour échapper au service
militaire, sauf à perdre la faculté de devenir Français : de sorte
que pour lui la conscription sera une loterie où il jouera sa nationalité. C'est là, sans doute, un abus; mais la loi n'offre pas
de moyen de l'éviter. L'administration a du moins voulu y parer
dans la mesure de ses forces : Aux termes d'une lettre récente
du ministre de la guerre au ministre des affaires étrangères,
les étrangers qui, au moment du tirage, exciperont de leur extranéité, seront dénoncés par la voie diplomatique à leurs gouvernements respectifs.

2º Comme nous avons déjà eu l'occasion de le dire, la loi du
17 février 1851 soustrait à l'application de l'art. 9, pour en
faire de véritables Français, les enfants nés en France d'étrangers qui eux-mêmes y sont nés : ils ne pourront redevenir étrangers, que si, dans l'année de leur majorité, ils réclament cette
qualité par une déclaration faite, soit devant l'autorité municipale du lieu de leur résidence, soit devant les agents diplomatiques ou consulaires accrédités en France par les gouvernements
étrangers.

B. *Origine française de la famille.*

L'enfant né d'un étranger autrefois Français se rattache à la
France par des liens bien autrement puissants que celui qui est
simplement né sur notre sol. Cet enfant porte du sang français
dans les veines; il se ratache à des familles françaises; en jetant
les yeux autour de lui, il découvre de tous côtés des parents et

des ancêtres français. Sans le hasard qui a fait perdre à son auteur sa nationalité première, il serait né Français ; il est donc bien plus digne de faveur que celui qui appartient à une famille étrangère et qu'un accident a fait naître sur notre sol. Cette distinction a été parfaitement saisie par le législateur, et tandis que ce dernier enfant ne peut réclamer la qualité de Français que dans l'année de sa majorité, l'autre a durant toute sa vie le droit de choisir et de demander ce titre, qui reste toujours à sa disposition. Il le pourra toujours, en remplissant les formalités prescrites par l'art. 9 ; mais quoique la loi ne le dise pas en termes formels, il est bien entendu qu'avant sa majorité l'enfant ne pouvant disposer ni de sa personne ni de ses biens, ne saurait user du bénéfice de l'article.

La loi ne parle que de l'enfant né en pays étranger d'un étranger qui aura perdu la qualité de Français. Est-ce à dire qu'elle ne s'applique pas à l'enfant né en France du même é ranger ? Evidemment non ; nous trouvons ici un vestige du système qui avait prévalu dans le projet, et d'après lequel le lieu de naissance était attributif de la nationalité ; lorsqu'on abandonna ce système, on oublia d'effacer les mots « né en France. » Cela est de toute évidence ; car, on ne peut pas traiter cet enfant plus mal que s'il était né à l'étranger, et pour le traiter mieux, il faudrait le déclarer Français de *plano*, ce qui est également impossible, dans le silence de la loi. Remarquons toutefois que, depuis la loi de 1851, cet enfant naîtra généralement Français, car la plupart du temps son père sera, comme lui, né en France.

L'article parle de l'enfant né *d'un Français* qui aura perdu sa qualité ; ne s'applique-t-il donc pas à l'enfant né d'une *Française* qui se trouverait dans la même position ? Il est des auteurs qui interprètent ainsi les termes de la loi, bien à tort, suivant moi. Le mot *Français* est employé ici dans un sens générique, « *pronunciatio sermonis in sexu masculino plerumque ad* « *utrumque sexum porrigitur.* » Cela est tellement vrai que tous les auteurs sont d'accord pour appliquer cette disposition à l'enfant naturel d'une ci-devant Française. Ils ne se divisent que lorsqu'il s'agit de l'enfant légitime d'un étranger et d'une Française à qui son mariage a fait perdre sa nationalité. Cependant, je ne vois pas de raisons pour distinguer : que ce soit le père ou la mère qui ait perdu sa qualité de Français, c'est toujours du sang Français que l'enfant porte dans ses veines, c'est toujours à des familles françaises qu'il se rattache, c'est toujours en France qu'il retrouve ses aïeux.

Les motifs de la loi sont les mêmes; car l'affection présumée de l'enfant pour la France est la même, que ce soit par sa mère ou par son père qu'il s'y relie. On m'objecte que dans le mariage l'enfant suit la condition du père, non celle de la mère : qu'importe, puisqu'ici il ne s'agit pas de déterminer sa nationalité, mais simplement d'accorder à l'enfant une faveur motivée par son origine Française? Ah! je conçois qu'on n'envisage que la condition du père pour fixer l'état de l'enfant qui vient de naître ; obligé de se prononcer entre les deux parents, le législateur a dû accorder au père la préférence. Mais quand il s'agit de consulter les goûts de l'enfant, quand il s'agit d'écouter le cri de son cœur, de le rattacher au pays vers lequel l'entraînent ses affections, alors cette raison de préférence s'efface, et la nationalité du père devient tout à fait indifférente, absolument comme dans l'hypothèse de l'art. 9, où l'enfant se décide en pleine liberté sans qu'on examine si le père a jamais été en France, pourvu que la mère s'y soit trouvée au moment de l'accouchement. Combien ces raisons acquièrent-elles de puissance dans l'hypothèse si fréquente où la mère, devenue étrangère par son mariage, perd son mari et revendique son ancienne nationalité! Elle ramène avec elle ses enfants, les élève dans nos mœurs et dans nos idées, au milieu de sa famille française, loin du pays où ils ont vu le jour. Prétendra-t-on que ces enfants, Français par le cœur comme par l'éducation, ne pourront pas se prévaloir de l'art. 10, aussi bien que les enfants du déserteur qui aura porté les armes contre son pays? La raison, l'humanité, la justice ne protestent-elles pas contre une pareille interprétation, qui fausse, disons-le sans crainte, l'esprit du Code ? Non, le Code n'a jamais autorisé une pareille théorie, qui est devenue plus insoutenable que jamais depuis la loi du 7 février 1851. L'art. 2 de cette loi étend la disposition de l'art. 9 aux enfants de l'étranger naturalisé; est-il possible de refuser tout au moins le même avantage aux enfants de l'ex-Française, qui rentre dans sa patrie, et ne faut-il pas, pour être juste, les traiter encore plus favorablement et leur appliquer la disposition plus large de l'article 10 ? La loi de 1851 offre un moyen précieux de faire disparaître dans le sein d'une même famille ces fâcheuses diversités d'état contre lesquelles nous nous sommes élevé plus haut; le mal ici n'est-il pas le même, le besoin du remède ne se fait-il pas également sentir; ne doit-on même pas ici plus qu'ailleurs chercher à détruire une anomalie d'autant plus regrettable qu'elle tend à éloigner des orphelins de leur mère ? Ainsi, pour nous résumer, l'art. 10 s'applique indistinctement à l'enfant de l'ex-Française, comme à celui de l'ex-Français; la décision contraire froisserait l'esprit de la loi, notamment dans le cas où la mère serait redevenue Française après la mort de son mari. La question n'a, que je sache, jamais été nettement posée aux tribunaux; incidemment elle s'est présentée plusieurs fois devant le tribunal de la Seine, qui l'a toujours résolue dans le sens que je propose. Incidemment aussi la Cour de Paris, dans un arrêt du 50 juillet 1855, l'a tranchée contre moi; mais cet arrêt jette à peine un regard sur la difficulté, la tranche sans la discuter, et subordonne sa solution à des considérations complètement étrangères à notre sujet : ce n'est donc pas là une décision dont nous ayons sérieusement à nous préoccuper.

C. *Mariage avec un Français.*

De même que la femme devient étrangère en épousant un étranger, de même aussi son mariage avec un Français lui confère la nationalité Française. Ce changement d'état a lieu de plein droit, sans que la femme ait aucune formalité à remplir; l'effet est donc bien plus direct que dans les hypothèses précédentes.

L'acquisition de la nationalité Française par le bienfait de la loi emporte la jouissance de tous les droits civils. Aucune différence ne sépare ce nouveau-venu du Français de naissance; il n'aurait même pas eu besoin, pour siéger dans les Chambres, d'obtenir des lettres de grande naturalisation, à l'époque où la la Chancellerie délivrait encore de pareilles lettres; cela n'était nécessaire qu'aux personnes proprement naturalisées. Il y avait donc là une différence importante entre la naturalisation et l'acquisition de la qualité de Français par le bienfait de la loi et ce n'est point sans motif que nous y avons tant insisté.

Nous savons ainsi qui est étranger d'après la loi française; le cadre du tableau tracé, nous pouvons maintenant nous occuper du tableau lui-même, c'est-à-dire, de l'étude de la condition civile des étrangers en France.

CHAPITRE II.

CONDITION DES ÉTRANGERS EN FRANCE.

Les étrangers peuvent être dirigés en France par une foule de causes dont l'immense variété tend à s'augmenter chaque jour. Les besoins du commerce, l'aménité du climat, un sentiment de curiosité bien justifié, le désir de s'instruire, la passion des voyages et mille autres motifs peuvent les amener sur le territoire français. Quelle sera la condition de ces étrangers, de quels droits jouiront-ils, à quelles obligations seront-ils soumis, quelle loi les régira? Voilà les questions que nous devons étudier dans ce chapitre. Pour qu'elles se présentent, il n'est même pas nécessaire que l'étranger ait déjà touché le sol de la France: du moment qu'il y a des biens, du moment que quelque intérêt l'y attache, n'y eût-il jamais mis les pieds, toutes ces questions s'élèvent.

Pour mettre de l'ordre dans cette étude, nous distinguerons la position des étrangers au point de vue du Droit Public, de leur position au point de vue du Droit Privé.

I. *Position des étrangers au point de vue du Droit Public.*

Le Droit Public règle les rapports de la société avec les individus : c'est lui qui s'occupe de l'organisation et du mécanisme de la puissance publique, en même temps qu'il fixe la part de liberté dont les particuliers doivent faire le sacrifice à l'intérêt général et la portion qu'ils peuvent conserver sans nuire au bien commun. Ces deux objets fort différents du Droit Public ne doivent pas être confondus, et les auteurs ont bien soin de distinguer entre les droits politiques ou constitutionnels, qui touchent à l'organisation des pouvoirs, des droits publics proprement dits, qui résultent des restrictions apportées au libre développement des fonctions individuelles.

Cette distinction est de la plus haute importance dans la matière que nous étudions. Si les étrangers sont impitoyablement exclus de la jouissance et de l'exercice des droits politiques, nous allons, au contraire, voir que pour les droits publics ils sont aussi favorablement traités que les nationaux. Les droits publics, tels que la liberté individuelle , la liberté de conscience, sont en quelque sorte inhérents à la dignité de l'homme : longtemps méconnus, ils finissent par prévaloir, et la nation qui les a une fois reconnus, ne saurait les refuser à personne, n'importe l'âge, ni le sexe, ni la nationalité, sans outrager l'humanité ni porter atteinte à nos plus respectables facultés Au contraire, l'exercice des droits polititiques exige des conditions toutes particulières : pour y être appelé, il faut avant tout faire partie de la nation qu'on prétend administrer, il faut être membre de la grande famille, partager ses affections, ses répugnances, ses passions, connaître ses besoins et ses intérêts, afin de mieux pouvoir les satisfaire. Toutes ces raisons nécessitent l'exclusion des étrangers. C'est là ce qui motive la différence profonde entre les droits publics et les droits politiques : les uns, apanage général de l'humanité, profitent à quiconque se trouve sur le territoire du peuple qui les a une fois reconnus; les autres, patrimoine propre de chaque nation, ne sauraient être confiés qu'à des nationaux, et encore faut il que ceux-ci offrent certaines garanties toutes spéciales d'aptitude et de moralité.

Droits publics proprement dits. — Les principaux de ces droits sont la liberté individuelle, la liberté de conscience l'égalité aux yeux de la loi, la liberté de la propriété, la liberté de la presse, la liberté d'enseignement, le droit de demander justice ou d'élire domicile. Toutes ces belles prérogatives, trop longtemps, méconnues mais à jamais consacrées par la Révolution de 89, sont formellement admises par l'art. 1 de la Constitution, qui, sans les énumérer une, à une les rappelle en bloc par une confirmation collective. Nous n'y insisterons pas davantage, de notre côté ; cependant repoussons une objection qu'on pourrait être tenté de tirer de l'art. 1 du décret organique sur la Presse (17-23 février 1852), et des articles 25, 53 et 60 de la loi du 19 janvier, 26 février et 15-27 mars 1850 sur l'Enseignement. Ces dispositions ne sont qu'en apparence contraires au principe que nous venons de poser : Si le décret de 1852 exige la qualité de Français chez celui qui veut publier un journal ou écrit périodique, c'est-à dire, être gérant responsable, elle n'impose nullement cette condition aux signataires des articles, et c'est le droit de livrer sa pensée à la publicité, le droit de prendre part à la rédaction des journaux qui constitue véritablement la liberté de la Presse. Quant à la loi de 1850, elle suppose toujours qu'il s'agit d'une école, c'est-à-dire, d'un établissement public, mais elle n'entend nullement interdire aux étrangers le droit de donner des leçons particulières, de distribuer même l'enseignement dans les écoles ; tout ce qu'elle leur défend, c'est de les ouvrir, et encore l'art. 78, complété par un décret du 5 décembre de la même année, les admet-il sous certaines conditions à ouvrir des établissements d'instruction primaire ou secondaire.

Quant aux droits politiques, nous le savons, ils sont indistinctement refusés aux étrangers, qui ne sauraient exercer aucune fraction, quelque minime qu'elle soit, de l'autorité publique. « *Peregrini et incolæ officium est,* dit Cicéron, *nihil præter* » *suum negotium agere. nihil de alio conquirere, minimeque* » *in aliena republica esse curiosum ;* » et après lui, Philippe de Commines : « C'est chose odieuse de donner offices. bénéfices ou charges ecclésiastiques ou militaires aux étrangers. » Ainsi, ils ne peuvent être ni électeurs ni éligibles, qu il s'agisse des Assemblées Législatives ou des Conseils généraux, d arrondissements ou municipaux : ils sont exclus de toute fonction administrative, diplomatique, militaire, ecclésiastique ou judiciaire. Cependant, par une exception qui résulte de la force des choses, les agents consulaires peuvent être des étrangers ; les ordonnances permettent même de conférer le titre de vice-consul à des étrangers, mais les consuls doivent toujours être des nationaux.

En ce qui concerne le service militaire, la France avait autrefois l'habitude de soudoyer des troupes étrangères. Mais depuis la loi du 21 mars 1832, art. 2, les cadres de l'armée Française sont fermés aux étrangers, du moins sur notre territoire continental.

Les fonctions ecclésiastiques ne peuvent également être conférées qu'à des Français, et même l'article 16 du Concordat exige que, pour être appelé à un évêché, l'on soit *originaire* Français ; mais tout le monde reconnaît qu'il n'y a lieu d'attacher aucune importance à ce mot maladroitement reproduit de l'ordonnance de Blois. Du reste, si la qualité de Français est nécessaire pour arriver aux fonctions ecclésiastiques, nous croyons que les simples prêtres, que les religieux n'en ont pas besoin, car ils ne sont pas, à vrai dire, des fonctionnaires ayant rang, en vertu de leur titre, dans les conseils de l'Etat ou dans les conseils de fabrique.

Fonctions judiciaires. Pour être juge ou juré, il faut jouir de la qualité de Français; il en est de même pour entrer dans le parquet ou pour acquérir une charge d'officier ministériel.

Les témoins doivent-ils être Français? Oui, s'il s'agit de ceux qui doivent assister les officiers ministériels dans la confection de leurs actes, car ils exercent là une sorte de fonction publique, ils prennent part au ministère de l'officier et doivent donc être Français comme lui. Mais la nécessité de cette condition disparaît complétement lorsqu'il s'agit de témoins dans les actes de l'Etat civil ou de témoins appelés à éclairer la justice. La rapidité avec laquelle doivent souvent être rédigés les actes de l'État civil, ne permettait pas à la loi de se montrer trop rigoureuse. Il y avait d'ailleurs ici des raisons de convenance, car ce sont en général les parents et amis qui jouent le rôle de témoins, rôle qu'autrement ils n'auraient pas pu remplir lorsqu'il se serait agi d'actes concernant des étrangers. Quant aux témoins appelés en justice, comme les juges doivent puiser leurs lumières partout où ils les trouvent, il est bien naturel qu'ils ne fassent pas d'exception de nationalité lorsqu'il s'agit pour eux de s'éclairer.

Par la même raison nous disons que les experts n'ont nullement besoin d'être Français; pourquoi la justice ne recourrait-elle pas à l'expérience d'un étranger, lorsqu'il est plus capable qu'un Français de lui fournir les lumières qui lui manquent ?

Quant aux arbitres, plusieurs distinctions doivent être faites. L'arbitre rapporteur, qui est plutôt un expert qu'un juge, n'a pas besoin d'être Français. Mais les anciens arbitres forcés devaient l'être, car c'étaient de véritables juges auxquels les tribunaux de commerce déléguaient momentanément leurs fonctions. Quant aux arbitres volontaires, ils peuvent toujours être étrangers, car rien n'empêche les parties de faire juger leurs différends par des étrangers, si ceux-ci leur inspirent plus de confiance que les nationaux. (V. l. 8 au Code, *De Judæis et Cœlic.*). J'en dirai autant même au cas où le tribunal aura dû désigner l'arbitre, faute par les parties de pouvoir s'entendre sur le choix, comme aussi au cas où il aura nommé un tiers-arbitre pour départir ceux que les parties avaient choisis. Dans toutes ces hypothèses, l'intervention de la puissance publique n'empêche pas que l'arbitrage ne soit que le résultat de la volonté des parties, qu'il n'y ait là qu'un acte purement privé et non une fonction publique exclusivement réservée aux nationaux.

Quant aux avocats, aucun texte n'exige d'eux la qualité de Français. Cependant, déjà dans l'ancien Droit, il était d'usage de refuser l'accès du Barreau aux étrangers, (v. Pothier, *Des Personnes.* part. 1, titre 2, sect. 2). De nos jours, les Cours impériales les admettent à prêter le serment professionnel ; mais les Conseils de l'Ordre les repoussent quand ils demandent à commencer leur stage. Une décision longuement motivée du Conseil de l'Ordre de Grenoble, en date du 6 février 1830, contient l'énumération des motifs qu'on a l'habitude de donner à l'appui de cette pratique. Au milieu de ces nombreux considérants, on remarque une foule de répétitions; mais l'on serait fort embarrassé de découvrir une raison solide; la seule qui soit un peu spécieuse, est celle qui se fonde sur l'art. 118. Pr., qui, à défaut de juges, appelle les avocats à vider les partages. L'étranger, dit-on, ne saurait être juge; donc il ne saurait être avocat. Pour renverser ce raisonnement, il suffit de répondre qu'il y a des avocats qui ne peuvent pas être juges, faute d'avoir l'âge voulu, c'est-à-dire, 25 ans; quand la loi appelle les avocats à la suppléance, c'est sous la condition qu'ils réuniront toutes les qualités nécessaires sans qu'on puisse induire de là que, pour entrer au Barreau, il faille réunir toutes ces qualités. En résumé, cette exclusion m'a toujours douloureusement surpris et me paraît en contradiction avec les idées libérales et l'esprit de fraternité qui font la base et l'honneur de notre corporation : que de fois n'avons-nous pas été appelés à plaider à l'étranger, toujours sûrs d'y recevoir le meilleur accueil; combien d'entre nous, naufragés de nos tempêtes politiques, ont trouvé à l'étranger un asile et les moyens de continuer l'exercice de leur profession ! Comment se fait-il que ces bons procédés qu'on nous accorde, nous les refusions aux autres; et ne serait-il pas de toute justice que nos confrères de l'étranger trouvassent chez nous l'hospitalité qu'ils sont heureux de nous offrir chez eux !

En échange des droits publics dont il a la jouissance, l'étranger doit aussi remplir les devoirs correspondants, et comme il profite des bienfaits de l'ordre public, il est bien naturel qu'il supporte aussi les charges destinées à le garantir. C'est pour cela qu'il est passible des impôts. Pas de difficulté pour les impôts indirects qui se confondent avec le prix des objets et auxquels personne ne saurait échapper. Mais il en est de même pour l'impôt foncier, de même pour l'impôt des portes et fenêtres, de même pour la patente : il n'y a d'exception partielle que pour la contribution personnelle, qui ne pèse sur l'étranger qu'au bout de *six mois* de séjour, art. 14 de la loi du 21 avril 1832.

Par la même raison, l'étranger doit se soumettre aux lois de police et de sûreté, art. 3. S'il pouvait s'y soustraire, la sûreté de l'État la police du pays, l'ordre public enfin seraient compromis. Devant ces graves intérêts toutes les têtes doivent s'incliner, tous les intérêts privés, s'effacer : la conservation de l'État avant tout ; du moment que la violation d'une de ces lois peut lui être préjudiciable, on ne conçoit pas que personne puisse prétendre y échapper en se prévalant de sa qualité d'étranger. Ainsi, toutes les lois pénales, toutes celles qui concernent la sécurité des citoyens, la morale publique, la salubrité des villes, la conservation des routes, toutes ces lois obligent les étrangers, qu'ils soient fixés sur le territoire ou purement de passage : le danger est toujours le même, et il y a le même intérêt à le conjurer. Par cette expression de « *Lois de police et de sûreté* » nous comprenons tout d'abord les lois pénales, puis les décrets, arrêtés, règlements des divers fonctionnaires chargés de veiller à la sécurité des citoyens, à la salubrité publique, à la voierie, etc. J'y ajouterai, sans hésiter, les dispositions de nos lois civiles qui sont considérées comme intéressant l'ordre public : ainsi conservation des droits des absents, cohabitation entre époux, droit pour la femme plaidant en séparation d'obtenir pour la durée du procès une résidence distincte et une provision, devoir pour les parents d'entretenir leurs enfants, pour les enfants d'obéir aux parents, défense de pactiser sur succession future, d'établir des majorats, de renoncer d'avance à une prescription, et mille autres qu'il est inutile de reproduire.

Observons même que ces lois peuvent exercer leur action sur l'étranger avant qu'il ait mis les pieds sur le territoire : c'est ainsi qu'il n'y pénétrera que s'il est muni du passeport exigé par les règlements, qu'il ne pourra débarquer avant d'avoir subi la quarantaine et rempli toutes les autres formalités voulues. D'un autre côté, les lois pénales pourront le frapper pour des crimes qu'il aura commis à l'étranger ; mais ceci est tout à fait exceptionnel. L'art. 6 du Code d'Instruction Criminelle n'admet la poursuite que lorsqu'il s'agit d'un crime attentatoire à la sûreté de l'Etat, de contrefaçon du sceau de l'Etat, de monnaies nationales ayant cours, de papiers nationaux, de billets de banque autorisés par la loi. Les étrangers auteurs ou complices de ces crimes ne seront d'ailleurs justiciables de nos tribunaux que lorsqu'ils auront été arrêtés en France, ou que le Gouvernement aura obtenu leur extradition.

Soumis à l'observation de nos lois de police et de sûreté, l'étranger sera généralement puni de la même peine que les nationaux ; la loi ne fait pas d'acception de personne. Cependant, l'art. 272 du Code Pénal permet au Gouvernement de le couduire hors du territoire lorsqu'il est déclaré vagabond par jugement, et l'art. 35 veut que le tribunal qui condamne un étranger à la dégradation civique, y ajoute toujours l'emprisonnement, qui ne résulte pas nécessairement d'une pareille condamnation lorsqu'il s'agit d'un Français.

Remarquons cependant que la règle générale de l'art. 3 admet une exception, mais une seule, en faveur des membres du Corps diplomatique et de leurs familles. Le Code n'en dit rien, parce qu'il s'agit là d'une question de Droit des gens, mais cela a été formellement reconnu dans la discussion. L'opinion, assez répandue autrefois, qui étendait ce privilége, non-seulement à la famille, mais encore à la suite des agents diplomatiques, semble tomber de plus en plus. Quant aux consuls, jamais personne n'a prétendu le leur appliquer. Il ne s'agit d'ailleurs ici que d'une question de compétence, non d'une question de responsabilité, et le Gouvernement sur le territoire duquel un agent diplomatique se sera rendu coupable d'un crime ou d'un délit, pourra fort bien poursuivre diplomatiquement la punition et les réparations voulues, auprès du Gouvernement auquel appartient le coupable. S'il s'agissait d'un crime en voie d'exécution, nous irions même plus loin, et nous reconnaîtrions à l Etat menacé le droit de prendre toutes les mesures de dé fense possibles, d'arrêter le coupable, de l'expulser de force, de le conduire sous escorte à la frontière.

II. *Condition des Etrangers en Droit Privé.*

Dans cette matière nous avons à propos de chaque droit privé, à nous demander : 1º Si l'étranger est apte à l'exercer, 2º dans le cas où il l'est, d'après quelle loi il l'exercera, d'après la loi de son pays ou d'après la loi française. Mais pour bien étudier ces questions, nous avons besoin de commencer par tracer à grands traits une théorie générale des statuts ; car c'est de la nature des statuts qu'en dépend la solution.

Il y a lontemps qu'on l'a dit : *Jus seu ad personas spectat seu ad res*, et de là la distinction fameuse des statuts personnels et des statuts réels. Sans doute, jamais une loi n'a trait aux personnes abstraction faite des biens ni aux biens, abstraction faite des personnes; ces deux éléments sont toujours confondus, mais à doses inégales, et c'est suivant que l'élément personnel ou réel y prédomine, suivant qu'une loi s'occupe plus spécialement des personnes ou des biens, que le statut est ou personnel ou réel. Ce principe si facile à énoncer présente dans l'application les plus grandes difficultés : cette décomposition, cette analyse des deux éléments constitutifs sera souvent fort embarrassante, et on ne saura pas quel est celui qui domine. Souvent il semble que tous deux se trouvent réunis dans une même proportion, et on sera tenté d'admettre, avec d'anciens auteurs, des statuts mixtes; mais à vrai dire ce n'est là qu'un faux-fuyant qui permet d'éluder la difficulté, mais qui ne la résout pas. Les causes et les effets des deux statuts sont tellement différents qu'il est impossible qu'une même disposition renferme deux qualités et produise deux conséquences si opposées; il y a toujours un motif dominant qui a dirigé le législateur, motif qui se trouve quelquefois confondu avec d'autres, mais qui les primera cependant, et c'est de ce motif que dépendra la qualification à donner au statut. Est-ce la capacité de la personne que le législateur a princ'palement voulu étendre ou restreindre, le statut sera personnel ; est-ce, au contraire, la transmission des biens qu'il a surtout tenu à faciliter ou à entraver, le statut sera réel. Ainsi les lois qui déterminent la nationalité, le domicile, le mariage, la paternité, la majorité et la minorité, l'adoption et la tutelle, la capacité de disposer ou de recueillir. Voilà des statuts personnels, car ce que le législateur y réglemente surtout, c'est l'état des personnes; quant aux avantages pécuniaires que cet état peut leur procurer, aux charges qui en peuvent découler, ce ne sont là que des questions subsidiaires. Au contraire, les lois sur la distinction des biens, sur la propriété, les servitudes, l'usufruit et autres droits réels, les lois sur les successions, les donations, les divers genres de contrats, les hypothèques, la prescription, voilà des statuts réels, car c'est surtout la dévolution des biens que la loi a ici en vue, et la personne à qui ces biens profiteront, sans laquelle ils n'auraient ni prix ni valeur, n'occupe ici qu'un rang secondaire. Enfin, à côté de ces deux classes de lois s'en trouve une troisième, celle des lois sur la forme des actes, lois sur les actes de l'Etat civil, sur la preuve des contrats, des obligations. Cette triple distinction est de la plus haute importance, car la position des étrangers varie singulièrement suivant qu'il s'agit d'appliquer telle ou telle espèce de statut.

L'état de chaque individu est réglé par la loi de la nation dont il fait partie : cette loi, ce statut personnel s'incorpore à lui et le suit partout où il va et est aussi mobile que l'homme lui même; il voyage avec lui, passe avec lui les frontières et exerce son empire partout où il se rend. C'est là un principe presque universellement reconnu par les auteurs : il faut que l'état des personnes soit fixé d'une manière constante, qu'il ne varie pas à tout instant, chaque fois qu'elles passent d'un pays dans un autre. Il serait étrange qu'un même individu fût majeur en France et mineur en Allemagne; homme marié ici et là célibataire; capable en-deçà des Pyrénées et interdit au-delà. Ainsi quand une fois un homme est majeur, marié, capable dans son pays, il faut qu'il le soit partout, comme partout il sera mineur, célibataire ou interdit, quand il aura ces qualités aux yeux de la loi de son pays. Cette règle est trop sage pour n'avoir pas été admise par le Code, et sa consécration se trouve dans l'article 3, 3º : sans doute cet article ne dit pas formellement que l'étranger sera régi en France par sa loi personnelle, mais cela ressort implicitement de ce que la loi française suit le Français en pays étranger. Si nous désirons voir respecter ce principe par les autres nations, il faut avant tout que, de notre côté, nous leur offrions la même garantie. D'ailleurs, si l'on conservait quelque doute à cet égard, il suffirait de comparer le 3º de notre article avec le 2º, qui suppose bien qu'en général la loi française ne régit pas les étrangers; enfin la discussion est formelle sur ce point. Il n'y a d'exception qu'au cas où l'application de la loi étrangère serait contraire à l'ordre public et aux bonnes mœurs : c'est ainsi qu'on ne tolérerait pas en France la polygamie ou le mariage entre oncle et nièce, même pour des étrangers dont la loi personnelle autoriserait de pareils actes.

Le statut réel qui régit les biens, est celui du lieu de leur situation. Suivant moi, c'est là un principe général s'appliquant également aux meubles et aux immeubles, en dépit de toutes les controverses qui ont été soulevées à ce sujet. Pour les immeubles le doute n'est pas possible : le sol a sa nationalité comme les hommes qui le couvrent, et un peuple ne saurait, sans abdiquer sa souveraineté, faire régir par une loi étrangère aucune portion de son territoire. Ainsi incontestablement des immeubles possédés en France par des étrangers sont régis par la loi française, art. 3, 2°; *vice versa*, la loi française ne peut prétendre exercer son empire sur des immeubles situés en pays étranger qui appartiennent à des Français. Quant aux meubles, les auteurs discutent beaucoup : les uns, se fondant sur leur extrême mobilité, sur cette facilité de déplacement qui permet de les soustraire sans cesse à l'action de la loi, prétendent que que leur situation momentanée est trop variable pour pouvoir influer sur leur statut, et que celui-ci doit se régler sur celui du propriétaire, avec qui les meubles se confondent en quelque sorte pour partager son domicile, *mobilia ossibus personæ inhærent.*

D'autres, ne voyant cette fiction écrite nulle part, la repoussent : ils remarquent qu'elle ne lève aucunement les difficultés qu'on prétend éviter, car si les meubles peuvent par leur facile déplacement, défier l'action du pays où ils se trouvent momentanément, n'échappent-ils pas également aux lois du domicile de leur propriétaire? Mieux vaut encore cette autorité douteuse des lois du lieu de la situation que l'autorité entièrement illusoire de la loi du propriétaire.

En réalité, ces deux systèmes ne discutent que sur les mots : Le premier reconnaît que la fiction n'est applicable qu'aux meubles pris en masse et non aux meubles pris individuellement, quand il s'agit de la réclamation d'un meuble isolé, de l'application de l'art. 2271, de l'exercice d'un droit de gage ou de privilége, de l'exécution d'une saisie, de l'application des lois fiscales, c'est-à-dire, dans la presque universalité des cas : c'est détruire d'une main l'édifice construit de l'autre. Le second, plus logique, admet une exception pour le cas où les meubles sont pris en bloc, comme formant une masse étroitement unie à la personne de leur propriétaire et se confondant avec lui. Ici l'exception, quelque générale qu'elle soit, n'étouffe du moins pas la règle. C'est ainsi qu'en partant de deux points tout-à-fait opposés, les deux opinions arrivent de concession en concession au même résultat.

Quant à moi, je crois être plus logique en me rangeant à un troisième parti, qui dans tous les cas soumet les meubles comme les immeubles à la loi de leur situation. Ma première considération, c'est que les deux autres systèmes n'offrent aucune base pour déterminer ce qui est meuble et ce qui est immeuble. Tout le monde sait combien cette distinction est souvent ardue ; eh bien, je le demande, à quelle loi se référera-t-on pour déterminer la nature mobilière ou immobilière d'un objet ? Pour moi la réponse est bien facile ; mais je cherche en vain comment les deux autres systèmes se tireront d'affaire ; car, pour que leur distinction puisse s'appliquer, il faut avant tout que la nature du bien soit nettement déterminée, et c'est précisément la règle de cette détermination, c'est-à-dire la base de leur distinction, qui leur fait défaut. Sans doute, quand la loi, dans l'article 3, ne parle que des immeubles, elle semble bien exclure les meubles, et j'avoue que cette raison paraît bien puissante. Cependant elle ne saurait me convaincre : du moment que ceux-là mêmes qui se fondent sur le silence de la loi, sont obligés, dans la presque universalité des cas, de reculer devant les applications du principe qu'ils en tirent, n'est il pas évident que cette conclusion est fausse ? Je crois, pour ma part, qu'il n'y a rien à conclure de ce silence : si la loi n'a parlé que des immeubles, c'est qu'eux seuls lui offrent une prise sérieuse et durable. Quant aux meubles, qui peuvent sans cesse lui échapper, elle n'a pas songé à en parler, ou peut être n'a-t-elle pas voulu édicter pour eux des mesures qu'elle savait illusoires. Autrement, il faudrait interpréter les contrats d'après des principes différents, suivant qu'il s'agirait de meubles ou d'immeubles, comme si la volonté des parties n'était pas la même dans les deux cas. La loi de 1819 vient encore me confirmer dans mon opinion. Évidemment le prélèvement qu'elle autorise en faveur des cohéritiers Français maltraités par une loi étrangère, s'applique aux meubles comme aux immeubles ; n'est-ce pas la preuve que les uns comme les autres sont régis par le statut de la situation ? Et si on m'oppose l'autorité des anciens auteurs, je réponds que, dans l'ancien Droit, l'aubaine frappait tout aussi bien les meubles que les immeubles. C'est donc le statut réel que nous proposons d'appliquer à tous les biens indistinctement : si ce système n'a pas pour lui la majorité des auteurs, il offre cependant cet immense avantage qu'il est clair, net, d'une application facile, et qu'il n'a pas besoin de ces exceptions avec lesquelles les autres étouffent entièrement la règle.

Quant à la forme des actes, la loi qui la régit est toujours celle du lieu de la passation. Chaque pays a ses fonctionnaires, et la compétence de ces officiers varie avec les lieux. Si les parties devaient partout dresser leurs actes suivant la loi de leur domicile, il leur serait souvent impossible de trouver les mêmes officiers ou des fonctionnaires ayant la même compétence. Il fallait donc, sous peine de leur interdire les actes les plus nécessaires de la vie, leur permettre de suivre les formes usitées dans le pays où ils les ont passés: c'est ce principe qui a partout été consacré par la maxime *Locus regit actum*, et que nous trouvons appliqué dans les articles 47, 48, 170, 999, sans que le Code ait cru nécessaire de l'édicter formellement, tant il est manifeste. Néanmoins les Français, qui peuvent employer les formes autorisées par la loi étrangère, peuvent également suivre les formes prescrites par la loi française, en recourant à l'intervention des consuls et agents diplomatiques, qui remplaceront pour eux les officiers publics français, 993.

Terminons ici cette rapide esquisse de la théorie des statuts: nous nous sommes contenté de marquer les contours et de signaler les traits les plus saillants; c'est quand il s'agira de faire l'application de ces principes généraux à chaque droit privé pris individuellement que nous aborderons les détails du sujet et que nous rencontrerons les véritables difficultés de la matière.

Arrivons donc à ces droits privés, et voyons dans quelle mesure les étrangers y participent chez nous.

Parmi les droits privés, il en est qu'on ne saurait refuser aux étrangers dès qu'on leur donne accès sur le territoire: sous peine de leur rendre le séjour impossible, on ne peut leur interdire certains contrats, tels que la vente, le louage, etc. Ce sont là des droits indispensables, des droits en quelque sorte inhérents à la nature de l'homme, et que le législateur ne saurait impunément violer; mais il en est d'autres dont l'homme peut fort bien

se passer, qui n'existent pas dans tous les pays et dont le législateur peut parfaitement faire l'apanage exclusif des nationaux :
c'est pour ceux-ci surtout que se présente notre question ; c'est
pour ceux-ci que nous devons nous demander si les étrangers
sont admis à la jouissance et à l'exercice des droits civils.

Avant tout, faisons un retour en arrière :

Lorsque l'invasion barbare introduisit le principe germanique
des associations d'hommes libres étroitement unis et solidaires
les uns des autres, on s'habitua à traiter avec une rigueur extrême l'étranger qui n'offrait pas de répondant, pas de caution,
pour les amendes auxquelles pouvaient donner lieu ses délits;
on le réduisait en esclavage et on le vendait. A cette époque, où
l'on ne connaissait guère que la propriété foncière, il était incapable d'acquérir la propriété de la terre salique, ce qui empor-
tait pour lui l'incapacité de succéder et, à plus forte raison, de
transmettre. Egalement incapable de contracter mariage, il ne
pouvait avoir d'enfants légitimes.

A partir du V⁰ siècle, on voit désigner les étrangers sous le nom
d'*aubains*, dont ce n'est pas le lieu de discuter l'origine obscure
et controversée ; et au IXe siècle apparaît l'expression *épaves*
(*expavefacti*) pour désigner les aubains venant de pays tellement éloignés qu'il n'était pas possible de connaître leur véritable origine. Le mot *aubains* restait réservé à ceux qui venaient de pays moins lointains, dont l'origine n'était pas aussi
douteuse; du reste, il s'appliquait non-seulement aux étrangers
proprement dits, mais encore à tous ceux qui se trouvaient dans
un *évéché* ou une *chastellenie* autre que celle où ils étaient nés.
Mais cette dernière classe d'aubains tendit à s'effacer à mesure
que la royauté développait son pouvoir, et elle avait complètement disparu au XIVe siècle, quand le pouvoir royal eut achevé
de se substituer à l'autorité des seigneurs. A partir de ce moment, on ne passe plus dans le domaine d'un autre souverain
en changeant de province. Mais les autres aubains continuèrent
à subsister. Sous les deux premières races et même pendant tout
le moyen-âge, l'aubain est réduit en esclavage comme chez les
Francs. Ce n'est qu'au XVe siècle qu'on commence à lui laisser
sa liberté ou plutôt à mitiger cette servitude, car il conserve en-

core bien des incapacités du serf. Signalons, entre autres : 1° Le droit de *chevage*, redevance annuelle due au roi, au seigneur; 2° Le droit de *formariage*, destiné à payer l'autorisation seigneuriale dont l'aubain a besoin pour épouser une Française ou une femme d'une autre seigneurie; 3° Enfin la double incapacité de recevoir ou de transmettre ses biens pour cause de mort. C'était souvent surtout cette dernière incapacité qu'on désignait sous le nom de droit d'aubaine, car c'était l'incapacité par excellence. Mais, dans une acception plus large, ce mot comprenait l'ensemble des incapacités qui frappaient les étrangers, comme aussi, dans un sens plus restreint, il désignait le droit pour le roi de prendre les biens laissés par l'étranger au jour de son décès. Prenant l'expression dans le premier de ces trois sens, nous ferons observer que le droit d'aubaine avait subi une double exception : 1° Dans le cas où l'aubain laissait un enfant Français, il pouvait transmettre *à ses hoirs, procréés de son corps ès royaume*; et même s'il laissait à la fois des enfants Français et des enfants étrangers, l'ancien Droit se montrait assez libéral en permettant aux uns et aux autres de prendre part à sa succession, dans laquelle le roi n'avait plus aucun intérêt. Mais dans tous ces cas la qualité d'aubain subsistait et l'étranger qui pouvait transmettre à ses enfants, restait incapable de leur succéder. 2° Comme l'Église traitait de païen et d'indigne quiconque mourait sans lui faire un legs pieux, on prit l'habitude de permettre à l'aubain de léguer cinq sols, « *hoc concessum fuit sepulturæ gratia.* »

Quand plus tard l'influence du Droit Romain domina toute notre législation, on appliqua aux aubains les principes Romains sur la distinction du Droit civil et du Droit des gens; comme en vertu de cette distinction, les pérégrins étaient privés de la *factio testamenti*, cette analogie avec leur incapacité de transmettre et de succéder, facilita singulièrement l'introduction dans nos mœurs de règles faites pour une toute autre époque et sous l'empire d'idées bien différentes. C'est ainsi qu'on s'habitua à dire de l'aubain, comme jadis du Latin Junien, *liber vivit, servus moritur.*

Cependant le droit d'aubaine avait subi des restrictions fort nombreuses : exemption pour l'étranger noble ayant des biens en France, exemption pour l'étranger qui recevait des lettres de naturalité, exemption pour les commerçants qui venaient prendre part aux grandes foires du royaume, et plus tard pour ceux qui se fixaient chez nous; puis pour les ouvriers qui venaient fournir leurs bras et leur industrie aux manufactures établies par nos rois; pour les habitants de certaines provinces sur lesquelles les rois de France élevaient des prétentions plus ou moins fondées, comme le Milanais et la Flandre. Du reste, il y avait des provinces où ce droit n'était pas parvenu à s'implanter, le Languedoc et l'Artois, et même tous les pays de Droit Écrit Enfin des traités nombreux, conclus avec la plupart des États Européens, avaient presque aboli ce droit, qui, à la fin du XVIII' siècle, n'offrait plus au Trésor qu'une source insignifiante de revenus. Aussi cherchait-on à y suppléer par le droit de détraction, qui obligeait l'étranger, exempté du droit d'aubaine, à laisser au roi de France une certaine portion de ses biens, généralement le 10e, quelquefois le 20°. Presque entièrement détruit par les traités, battu en brèche par les écrits des philosophes, mal soutenu par le Trésor qui n'y trouvait plus un aliment sérieux, ce droit devait disparaître au premier souffle de la Révolution, et une loi du 6 août 1790 abolissait pour toujours les droits d'aubaine et de détraction; et comme on ne savait trop si l'expression était ici prise dans son premier sens, un décret du 8 avril 1791 leva tout doute à cet égard. Ce même principe se trouve reproduit d'une manière plus solennelle dans les Constitutions de 1791 et de 1795. Mais bientôt une triste réaction s'opère. Un décret du 4 floréal an VI soumet les étrangers à la contrainte par corps pour tous les engagements commerciaux qu'ils auront contractés envers des Français. Une loi du 28 vendémiaire de la même année ne les admet plus sur le territoire Français que sous la condition du consentement exprès ou tacite du Gouvernement, qui est toujours libre de les expulser.

Voilà où l'on en était arrivé lors de la rédaction du Code. On était bien revenu de ces grandes idées de fraternité des nations, de philantrophie universelle qu'avait proclamées tout le XVIII' siècle et que la Constituante avait tenté de faire passer des li—

vres dans la pratique. La généreuse initiative de la France n'a-vait pas trouvé d'imitateurs chez les peuples voisins, et tandis qu'elle ouvrait les bras à toutes les nations, celles-ci continuaient à repousser les Français de leur sein et à les soumettre aux rigueurs du droit d'aubaine. On voulait donc détruire cette inégalité, et, par une exacte réciprocité, opposer rigueur à rigueur et exclusion à exclusion. On faisait bon marché des grands principes de la philosophie, on recherchait avant tout les intérêts matériels et réels, et on voulait rétablir le droit d'aubaine à l'égard de toutes les nations qui continueraient à l'exercer contre la France. C'est là l'esprit qui dominait le Gouvernement, et pour ne pas renouveler ce qu'il appelait la *sublime niaiserie de la Constituante*, il substitua à l'article libéral de la commission le principe de la réciprocité diplomatique sanctionné par l'art. 11.

Quand on jette les yeux sur cet article et qu'on le compare à la disposition de l'art. 8, il semble qu'en l'absence de traités, les étrangers soient chez nous entièrement privés de la jouissance des droits civils. Et je crois bien que c'était là l'idée du Gouvernement, idée bien faite pour tenter le génie dominateur du premier Consul, mais que le bon sens repousse et que les rédacteurs du Code n'ont heureusement pas consacrée. Les termes des art. 8 et 11 sont trop formels et ne rendent pas exactement la pensée du législateur : il n'est pas vrai que les droits civils soient exclusivement réservés aux Français, il n'est pas vrai que les étrangers en soient totalement exclus, en l'absence de traités; on l'a formellement déclaré dans la discussion, en critiquant la généralité des termes du projet. Quoi, disait-on, les étrangers seront-ils donc chez nous traités comme des morts civilement? Ne pourront-ils ni se marier ni ester en jugement ? Cela serait absurde, et ce n'est certainement pas la pensée du projet ! Ces observations triomphèrent, et on reconnut que la jouissance des droits civils ne serait pas l'apanage exclusif des Français, que quelques-uns seulement de ces droits leur seraient limitativement réservés Restait à savoir quels seraient ces droits? Le Tribunat en demandait l'indication immédiate, mais on ne fit pas droit à ses observations, parce qu'on ne croyait pas que ce fût ici le lieu de cette énumération, et M. Grenier disait for-

mellement : « Les droits dont les étrangers seront privés, seront
« marqués dans les titres du Code qui y auront trait. On ne
« les oubliera certainement pas lorsqu'il sera question de la fa-
« culté de tester, de la capacité de recevoir par testament, de suc -
« céder... Mais dans un titre où il s'agit seulement de la jouis-
« sance des droits civils, cette énumération n'est pas nécessaire. »
Et cette promesse de M. Grenier, nous la trouvons réalisée plus
tard dans les articles 14, 16, 726 et 912, dans l'art. 1095 Pr.
et dans la loi sur la contrainte par corps. Si l'incapacité des étrangers était générale, comment expliquer ces dispositions ? Si tous
les droits civils avaient été indistinctement refusés à l'étranger,
pourquoi donc la loi se donnerait-elle la peine de le déclarer
formellement incapable de succéder, de lui refuser le droit de
recevoir par testament, alors que cela eût été incontestable,
puisque ces deux incapacités n'avaient jamais fait doute, puisque c'étaient même les incapacités par excellence, celles auxquelles on devait songer avant toutes les autres, celles qui for-
maient la base du droit d'aubaine. C'est qu'elle avait une intention bien évidente : en reproduisant l'ancienne incapacité de
recueillir soit une succession, soit un legs, sans l'incapacité de
transmettre, la loi prouvait bien clairement que cette seconde incapacité n'existait plus. L'argument *a contrario* est ici d'une
certitude évidente. Du moment qu'il est établi que l'une des
principales incapacités de l'étranger a disparu, du moment que
le Code lui accorde la faculté de transmettre, ma démonstration
n'est-elle pas faite, et ai-je encore besoin de prouver que l'art.
11, dans la généralité de ses termes, est faux, que l'étranger
n'est pas privé en masse de la jouissance des droits civils. L'art.
905, Pr. vient encore m'offrir une éclatante confirmation : Si
les étrangers ne jouissaient pas de tous les droits civils, eût-il
donc été nécessaire de s'expliquer sur cette faveur tout exceptionnelle. Si le législateur a parlé, c'est que son silence eût
tourné à l'avantage des étrangers. Attendons donc qu'il ait parlé
pour nous prononcer contre lui, et ce ne sera qu'en présence de
dispositions formelles que nous déclarerons les étrangers incapables
de succéder, incapables de recueillir une libéralité entre-vifs ou
testamentaire, incapables de profiter du bénéfice de la cession

de biens et soumis de plein droit à la contrainte par corps. Pour les soustraire à ces incapacités, il faudra un traité intervenu entre la France et leurs Gouvernements; mais hors de là, il nous faudra forcément les assimiler aux Français, en dépit des termes si formels des art. 8 et 11.

Au lieu du système que nous venons de propo·er, quelques auteurs voudraient ressusciter sous le Code la distinction surannée du Droit Romain entre les droits civils et les droits naturels, entre les droits qui sont l'œuvre directe du législateur, et ceux qui ont leur fondement dans la loi naturelle, qui existent par eux-mêmes, sans qu'il soit nécessaire de les proclamer. Mais nulle part dans la discussion je ne vois parler d'une telle distinction, nulle part la loi n'indique d'après quelles règles, quels principes elle doit avoir lieu, et ce serait donner trop beau jeu à l'arbitraire que de la remettre en vigueur. D'ailleurs, comment dans ce système expliquer la capacité de transmettre que le Code accorde à l'étranger ? Je me l'explique aisément quand la capacité est la règle et l'incapacité l'exception ; mais quand l'étranger se trouve privé de tous les droits civils, quand on va jusqu'à lui refuser l'hypothèque, comment comprendre, que, par un retour de tendresse vraiment inexplicable, la loi lui accorde une de ses plus précieuses prérogatives, la faculté de disposer de ses biens pour l'époque où il ne sera plus et de faire respecter sa volonté jusqu'au-delà du tombeau.

La même anomalie me frappe dans le système, plus sage cependant, de M. Demolombe : suivant l'illustre auteur, la loi frapperait les étrangers d'une incapacité générale, mais elle aurait établi en leur faveur plusieurs exceptions soit expressément, soit implicitement. Ainsi l'art. 3 déclare qu'ils peuvent être propriétaires d'immeubles; d'où résulte implicitement qu'ils peuvent jouir des divers démembrements du droit de propriété, usufruit, usage, habitation, servitudes, et que les divers modes d'acquisition ou d'extinction de ces droits lui sont applicables. Le même article, en déclarant que les lois de police et de sûreté obligent tous ceux qui habitent le territoire, permet aux étrangers d'invoquer ces lois en leur faveur, puisque personne ne peut les éluder, fût-ce au préjudice d'un étranger. Les art.

12 et 19 leur reconnaissent le droit de se marier; d'où découle pour eux l'aptitude aux divers droits de famille, puissance maritale, puissance paternelle, et autres. L'art. 15 leur permet clairement de plaider et suppose qu'ils peuvent être créanciers, ce qui entraîne pour eux le droit de faire tous les actes nécessaire à l'acquisition et à la conservation de créances.

Ce système assez spécieux pèche par la base ; on raisonne des dispositions des art. 3, 12, 15 et 19 pour prouver que les étrangers jouissent des divers droits qui y sont mentionnés; mais pas un de ces articles n'a pour objet la concession d'un droit ; ils en règlent tout simplement l'exercice dans le cas où l'étranger y est appelé. Or, la question est de savoir quand ce cas se présentera, et rien ne prouve que la loi ait en vue une autre hypothèse que celle de l'art. 11, celle où un traité vient accorder à l'étranger une capacité qui, sans cela, lui eût fait défaut. Et vraiment il faut s'applaudir de trouver cet argument qui renverse la base de ce système; autrement on serait contraint de reprocher à la loi les plus étranges inconséquences. Nous en avons déjà signalé une à propos de la faculté de transmettre; anomalie bien plus bizarre et qui suffirait pour le faire condamner, ce système ne saurait trouver un article qui reconnaisse à l'étranger la faculté d'acquérir la propriété mobilière ; pour les immeubles, il avait l'art. 3; pour les meubles, pas un seul texte qui, directement ou indirectement, relève le malheureux étranger de cette incapacité générale dont il est frappé. Je me contente de signaler cette conséquence, sans insister davantage. Enfin, je le demande, que signifierait alors l'art. 905, Proc.? Assurément, la cession de biens n'est pas une conséquence du droit de propriété; si la loi a cru devoir la refuser expressément à l'étranger, c'est qu'en son silence, il aurait pu l'invoquer.., cela est incontestable.

A toutes ces anomalies, à toutes ces impossibilités échappe mon système, qui, s'il semble contraire au texte de la loi, a pour lui la raison et l'esprit du législateur. Le texte de la loi; mais pas un système qui ne soit obligé de le tourmenter et de le défigurer de toutes manières ; du moment qu'il faut s'en écarter, pourquoi ne pas adopter franchement la théorie large et libérale qui évite toute anomalie et dont le germe se trouve dans les travaux préparatoires?

Après avoir posé le principe fondamental de la matière et démontré que l'étranger est généralement capable de tous les droits privés, nous devons faire l'application de ce principe aux divers droits reconnus par nos lois.

A. *Droits de famille.*

En vertu du principe général que nous venons de poser, les étrangers sont aptes à exercer les droits de famille; nous croyons même que c'est là une règle sans exception. Tout le monde admet qu'entre étrangers cela est incontestable, mais des difficultés se présentent quand il s'agit d'accorder un pareil droit à un étranger sur un national. Nul doute que l'étranger puisse se marier, adopter, exercer la puissance paternelle, être appelé à la tutelle, figurer dans un Conseil de famille, jouer enfin un rôle dans les divers actes juridiques auxquels donnent lieu les relations de famille, pourvu que, suivant sa loi personnelle, il ait la capacité voulue ; mais quelques-uns de ces actes donnent lieu à des difficultés que nous devons examiner ici.

Les étrangers peuvent se marier en France et même, nous le savons, épouser des Françaises. En vertu des principes, on devra, pour les formalités du mariage, suivre la loi française, à moins que les parties ne se fassent unir par un officier public de leur pays; quant à la capacité, on s'en rapportera au statut personnel de chaque époux. De là il semble résulter que l'étranger légalement divorcé dans son pays pourra contracter mariage en France, attendu que, suivant sa loi personnelle, il est capable ; c'est aussi ce que je crois, malgré deux arrêts contraires de la Cour de Paris, de 1824 et de 1843. Que cet étranger puisse se remarier d'après la loi de son pays, c'est incontestable ; mais, dit la Cour dans ces deux arrêts, il s'est marié, et son mariage n'a pu être dissous à nos yeux par un mode que repousse la loi française. Mais qu'importe le mode de dissolution? la seule chose à examiner pour les juges, c'est s'il y a ou non mariage subsistant. Eh bien, du moment que la loi de l'étranger admet le divorce, le divorce a pu dissoudre le mariage, et celui-ci, aux yeux de tous et dans tous les pays, doit être considéré comme n'ayant jamais existé. Dès lors, l'étranger est libre et capable de se marier : c'est une nécessité que nos tribunaux doivent accepter aveuglément, sans pouvoir jeter des regards indiscrets sur son passé, ni se faire juges d'un acte qui ne leur est pas déféré. Il serait vraiment singulier qu'ils pussent ressusciter un contrat qui a été conclu et résolu à l'étranger, et, par la toute-puissance de leur volonté, faire d'un célibataire un homme marié et enchaîner qui a reconquis la liberté ! Ne serait-ce pas violer tous les principes, et que deviendrait la sécurité des familles si l'état des personnes devait ainsi dépendre de l'appréciation des tribunaux étrangers? Une fois sur cette pente, ce n'est pas seulement pour le divorce, mais pour toutes les causes de nullité ou de résolution que nous devrions leur reconnaître le même droit. Il est des pays qui admettent la nullité pour cause d'impuissance ; personne cependant ne prétend que le mariage annulé pour un pareil motif doit être considéré comme subsistant chez nous. C'est, dit-on, que le divorce a été expressément repoussé de nos lois ; mais j'avoue que, si je devais distinguer les deux cas, ce serait plutôt pour favoriser le divorce, qui, s'il n'a pas été maintenu dans le Code, avait du moins su s'y faire donner une hospitalité passagère, tandis que jamais la nullité pour impuissance n'a su mériter un pareil privilége de la part de nos législateurs.

Au lieu de tomber dans ces inconséquences, reconnaissons plutôt la dissolution, qui est un fait acquis, fait si bien acquis que, dans les deux espèces qui se sont présentées, l'autre conjoint s'était déjà remarié. Si vous ne reconnaissez pas le divorce, l'époux remarié sera donc pour vous un bigame; sinon, l'autre serait à la fois célibataire et marié. Il est donc impossible de ne pas admettre la dissolution ; mais alors où trouver dans nos lois un texte qui défende à l'époux divorcé de se remarier? Une pareille cause d'empêchement n'est écrite nulle part, car l'art. 147 est étranger à la question : il défend le second mariage tant que le premier subsiste encore.

Mais, dit-on, l'ordre public, l'intérêt des mœurs demandent que la société française ne soit pas scandilisée par le spectacle résultant d'un homme divorcé qui contracte un second mariage du vivant de son premier conjoint. Mais le scandale sera-t-il donc moindre dans le cas où le premier mariage aura été annulé pour cause d'impuissance; et la morale ne souffrira-t-elle pas autant si deux étrangers divorcés viennent, après s'être remariés, se fixer en France et étaler leur double bigamie? D'ailleurs le législateur n'a pas ces craintes, il n'éprouve pas cette horreur que vous lui prêtez, et il admet si bien que le mariage d'un individu divorcé n'a rien d'inquiétant pour l'ordre public, que la loi de 1816, abolitive du divorce, réserve aux personnes antérieurement divorcées le droit de se remarier. Si donc le divorce de l'étranger avait eu lieu avant cette époque, il n'y aurait plus de difficultés; que devient alors cette question d'ordre public qui n'est plus qu'une affaire de date? Qu'on n'invoque donc pas de pareils arguments, qu'on ne se forge pas d'armes avec ces grands mots qu'il suffit de toucher pour les faire tomber en poussière. Le texte de la loi manque à nos adversaires, les grands principes du Droit leur sont contraires, ils n'ont même aucune considération générale à faire valoir en leur faveur. Leur prétention est donc insoutenable, et c'est avec un vrai sentiment de satisfaction que nous venons de voir la jurisprudence revenir à de meilleurs sentiments dans deux arrêts récents, l'un d'Orléans du 19 avril 1860, l'autre de la Cour Suprême, également de cette année.

Supposons maintenant l'étranger valablement marié : les relations conjugales et toutes les conséquences de cette union seront régies par sa loi personnelle, pourvu qu'elle n'ait rien de contraire à l'ordre public. Ainsi, le Musulman ne pourrait pas chez nous invoquer le Coran pour battre sa femme, ni le sauvage se prévaloir de sa loi personnelle pour disposer de la vie de son enfant. Tous deux devraient laisser restreindre leur autorité, maritale ou paternelle, dans les limites fixées par nos lois. — Supposons qu'une pareille relation existe entre un Français et un étranger; quel est celui dont la loi devra être appliquée? Un étranger établi en France a des enfants Français : sera-ce la loi Française ou la loi étrangère qui réglera ici les rapports de paternité et de filiation? Il semble que chacune des deux parties puisse, avec la même autorité, invoquer sa loi personnelle; cependant comme on ne saurait les appliquer toutes deux en même temps, nous devons nous prononcer pour la loi française, car, dans le silence de la loi personnelle, c'est la loi territoriale qui doit parler.

Du moment que les étrangers peuvent se marier et recueillir tous les effets du mariage, il est évident qu'ils peuvent légitimer leurs enfants naturels, pourvu que leur loi personnelle admette ce mode de légitimation.

Mais faut-il aller jusqu'à leur permettre de se créer une parenté fictive, et de se donner par leur seule volonté la puissance paternelle au moyen de l'adoption? Entre deux étrangers il est évident que ce contrat peut intervenir, pourvu qu'il soit conforme à leur loi domiciliaire Mais on soutient généralement que cette décision n'est pas admissible entre un Français et un étranger. Pour nous, fidèle au principe que nous avons posé en tête de cette matière, nous n'hésitons pas à accorder ce droit à l'étranger, car nous ne pouvons trouver rien de plausible dans les raisons qu'on nous oppose spécialement a propos de ce contrat. Sans doute, nous ne pensons pas que l'adoption puisse avoir pour effet de changer la nationalité de l'adopté ; mais cela ne prouve pas qu'il faille la repousser parce qu'elle créerait au sein de la même famille des différences de nationalité.

Ces différences, il est vrai, nous semblent regrettables ; mais du moment qu'elles sont admises et consacrées par nos lois, quelle raison de refuser aux étrangers le droit d'adopter, de leur défendre de chercher dans l'adoption une consolation pour leurs vieux jours et la satisfaction de récompenser leurs sauveurs? Ah, je comprends qu'à Rome l'adoption fût interdite aux pérégrins : c'est que la *patria potestas* était de droit civil. tandis qu'elle ne l'est plus aujourd'hui ; c'est qu'alors il ne pouvait exister aucun lien de parenté, aucune agnation entre Romains et pérégrins, autre particularité qui a disparu chez nous. Aujourd'hui que l'adoption ne concerne plus que des personnes majeures, qu'elle n'est plus possible qu'à un âge où les principaux effets de la puissance paternelle se sont évanouis, qu'elle ne produit presque plus que des résultats pécuniaires et matériels, je ne vois pas pourquoi, en l'absence d'un texte et dans le silence de la loi, on l'interdirait aux étrangers ; je ne vois pas ce qui autorise à distinguer entre les deux sources de la filiation pour admettre l'une en repoussant l'autre.

Ce que je viens de dire de l'adoption, je l'applique également à la tutelle officieuse.

Que dire de la tutelle proprement dite ? Entre deux étrangers la question est fort simple : on applique la loi domiciliaire. Mais peut-elle exister entre un Français et un étranger, celui-ci jouant le rôle de tuteur ou *vice versa* ? On pressent déjà ma solution, quoiqu'elle soit vivement contestée. Le père tuteur ou la mère tutrice se fait naturaliser à l'étranger ; faudra-t-il les destituer de la tutelle ? Même question pour le tuteur étranger qui se fait naturaliser en France : perdra-t il la tutelle de ses enfants, restés étrangers ? Oui, répondent plusieurs auteurs; mais je crois que cette solution doit être repoussée au nom du bon sens, de la loi et de la nature. Du bon sens : ne serait-il pas étrange que, dans la seconde de nos hypothèses, l'acquisition de la qualité de Français fût pour ce père et pour cette mère une cause d'incapacité et leur enlevât le plus précieux de leurs droits, la direction de leurs enfants ? De la loi : car nulle part elle n'exclut les étrangers, et notre principe général peut ainsi recevoir son application. On nous oppose que la tutelle a de tout temps été considérée comme un *munus publicum* ; sans nier ce point de vue du Droit Romain et de l'ancien Droit, je réponds que je ne le retrouve pas dans le Code. On objecte que les art. 430 et 432 supposent que, pour être tuteur, on doit être citoyen; mais, l'art. 430 parlant de fonctionnaires publics, cette supposition se justifie d'elle-même ; quant à l'art. 432, on n'est pas davantage fondé à l'invoquer, puisque dans d'autres articles, la loi appelle à la tutelle les femmes, qui certes ne sont pas des *citoyens*. De plus, la présence du juge de paix au sein du Conseil de famille n'emporte nullement pour ses membres la nécessité d'être Français. Le mineur étranger peut incontestablement avoir un Conseil de famille en France ; cependant malgré la présence du juge de paix, les membres de ce Conseil seront généralement des étrangers. La nature enfin proteste contre une semblable doctrine : s'il est bon de confier le mineur aux personnes qui soigneront le mieux ses intérêts, où trouver un guide plus sûr et un protecteur plus éclairé que ce père, que cette mère, en dépit de leur qualité d'étrangers, car en changeant de patrie ils n'ont pas changé de cœur, et leur affection et leur dévoûment sont restés et resteront les mêmes? Le système qui les exclurait, ferait violence aux sentiments les plus respectables, et notre Code n'a certainement pas voulu les sacrifier.

Jusqu'ici nous n'avons parlé que de la tutelle déférée par la loi; mais le texte du Code ne distingue pas, et nous appliquons la même décision à la tutelle dative, tout en reconnaissant que généralement les Conseils de famille seront peu disposés à en investir les étrangers; mais cela ne prouve pas qu'ils n'aient point le droit de le faire, ni que le survivant des époux ne puisse pas, s'il le juge à propos, désigner un étranger dans lequel il aurait placé sa confiance.

Enfin toutes ces décisions doivent être étendues à la tutelle de l'interdit. Prétendre qu'un Français ne peut être tuteur d'un étranger interdit, ce serait souvent se mettre dans l'impossibilité de donner un protecteur au fou ou au faible d'esprit, qui n'aura pas toujours un compatriote dans l'endroit. Repousser l'étranger, ce serait souvent causer un grave préjudice au Français, en le privant du secours des personnes les plus aptes à sauvegarder ses intérêts.

B. *Droits privés.*

Je passe aux droits privés proprement dits, en commençant par les droits réels, propriété, servitude, usufruit, usage et habitation, nue-propriété, quasi-usufruit, emphytéose, possession.

Parmi ces divers droits réels en est-il qui soient inaccessibles aux étrangers ? Non, répondent uniformément tous les systèmes : la propriété, les servitudes réelles et personnelles, l'hypothèque, tous ces droits sont indistinctement ouverts aux nationaux et aux étrangers. C'est ainsi qu'en partant de points de vue tout opposés, les divers systèmes tombent cependant d'accord sur cette question : les uns verront là de ces droits reconnus par tous les peuples, de ces *jura gentium* pour lesquels il n'y a pas à faire acception de personne; les autres diront que les différentes dispositions de la loi supposent implicitement l'aptitude des étrangers à l'exercice de ces droits. Pour nous ces détours sont inutiles, et nous arrivons à cette conclusion par des raisons bien mieux fondées. Car enfin de ce que la loi accorde aux étrangers le droit de propriété, il ne résulte nullement qu'ils soient capables d'exercer des servitudes ; ne peut-on pas dire qu'en 1804, à cette époque où le législateur évitait jusqu'au mot de servitude pour ne pas effaroucher certaines susceptibilités, il n'aurait pas osé reconnaître à un étranger une souveraineté quelconque, si innoffensive qu'elle fût, sur des biens appartenant à des Français? Et si la propriété est un de ces droits universels qu'on retrouve partout, s'il en est de même de l'usufruit, personne ne pourra en dire autant ni du quasi-usufruit, ni de l'usage ni de l'habitation, ni surtout des servitudes prédiales. Et pourtant tout le monde reconnaît tous ces droits à l'étranger, et je le conçois à merveille ; mais cela n'empêche pas qu'on n'appuie généralement cette solution que sur des arguments fort contestables, arguments auxquels mon système n'a seul besoin de recourir.

Insistons particulièrement sur le droit de propriété. Les étrangers en jouissent aussi bien que les nationaux, et non-seulement de la propriété ordinaire, mais encore de tous les droits si divers qu'on a l'habitude de désigner par ce mot.

La loi de 1810 a cru devoir leur accorder expressément la propriété des mines, bien qu'il me semble difficile de trouver ci des raisons de douter.

La propriété littéraire, industrielle et artistique leur est également reconnue, et chaque jour voit consolider davantage ces droits jadis négligés et abandonnés à la piraterie des contrefacteurs. La France vient de donner à ce sujet un glorieux exemple, qui, nous l'espérons, trouvera des imitateurs dans les autres pays : Par un décret du 28 mars 1852, la propriété littéraire et artistique des auteurs étrangers reçoit les mêmes garanties que celle des nationaux ; la loi la protège indépendamment de tout traité, pourvu qu'ils se soumettent aux formalités voulues pour les ouvrages publiés chez nous.

L'article 29 de la loi du 5 juillet 1844 avait depuis longtemps consacré le droit des étrangers aux brevets d'invention.

Pour les marques de fabrique, la loi des 23-27 juin 1857 se montre moins large : elle n'accorde sa protection pleine et entière qu'aux étrangers qui possèdent en France des établissements d'industrie ou de commerce, art. 5 ; quant à ceux dont les établissements sont situés hors de France, ils ne jouissent du bénéfice de la présente loi que si, dans les pays où ils sont situés, des conventions diplomatiques ont établi la réciprocité pour les marques françaises, art. 6. Cette distinction, déjà proposée par M. Demolombe sous l'empire de l'ancienne législation, me semble regrettable : il était digne du Gouvernement qui avait rendu le décret de 1852, d'appliquer à la propriété industrielle les principes libéraux qu'il avait si sagement établis pour la propriété littéraire.

Quant au droit réel d'hypothèque, il est également accessible aux étrangers ; et cependant ce n'est pas là un de ces droits qui ont pris naissance avec la société et qu'on retrouve chez tous les peuples. Mais il est bien évident que le législateur qui reconnaît aux étrangers le droit de propriété immobilière, ne saurait leur interdire l'hypothèque, et que, du moment qu'il leur permet de recourir à la justice française, il ne peut leur refuser les garanties rattachées à l'exécution des décisions judiciaires.

D'après quelle loi règlerons-nous entre les mains de l'étranger l'exercice de ces divers droits, d'après sa loi personnelle ou d'après la loi de la situation des biens ? Nous n'avons ici qu'à appliquer les principes que nous avons posés plus haut dans notre théorie générale sur les statuts. On se rappelle que, suivant nous, ce sera toujours la loi de la situation qui devra prévaloir, sans qu'il faille distinguer entre les meubles et les immeubles.

Par quels moyens les étrangers peuvent-ils parvenir à l'exercice de ces différents droits ? De la même manière que les Français, car, parmi les divers modes d'acquisition reconnus chez nous, il n'en est pas un que la loi leur refuse. Ici encore tous les systèmes tombent d'accord, pour une raison ou pour une autre ; et pourtant parmi les cas d'acquisition par la volonté de la loi et parmi les contrats, que d'hypothèses qui ne rentrent pas dans ce droit universel, dans ce *jus gentium* que quelques auteurs prennent pour mesure de la capacité des étrangers ! Personne néanmoins n'ira soutenir que les étrangers ne peuvent pas acquérir chez nous par suite d'un quasi-contrat, d'un quasi-délit ou d'un de ces mille modes que la loi désigne sous le terme général d'accession.

Le Code avait établi une triple exception pour l'acquisition par succession, par donation entre-vifs ou testamentaire. Les articles 726 et 912 l'interdisaient aux étrangers. Ce n'était plus, comme on l'a prétendu, l'ancien droit d'aubaine, puisque d'une part l'étranger, incapable de recueillir, pouvait cependant laisser des héritiers et disposer par acte de dernière volonté; que, de l'autre, il ne pouvait plus recevoir par donation entre-vifs, ce qui n'avait jamais été auparavant. Mais cette triple incapacité, unique vestige d'un système qui heureusement n'a pas passé dans nos lois, a elle aussi été effacée par la loi du 14 juillet 1819, qui assimile désormais les étrangers aux nationaux et enlève à l'art. 11 ses plus importantes applications. Sans doute, ce n'est pas un motif de philanthropie, une grande et généreuse pensée de fraternité internationale, qui a inspiré cette loi, comme jadis les lois de la Constituante; c'est dans le but intéressé d'attirer en France les capitalistes étrangers et de ramener le numéraire dans notre pays épuisé par des guerres désastreuses et une funeste occupation, que le législateur de 1819 a rayé du Code les articles 726 et 912. Mais qu'importe; le résultat n'en est pas moins acquis, et désormais les étrangers sont admis chez nous à tous les modes d'acquisition du droit civil.

La loi de 1819 n'a maintenu l'ancien système que dans le cas tout spécial où une succession, comprenant des biens situés en différents pays, est dévolue à la fois à des héritiers étrangers et à des héritiers Français. Si ceux-ci se trouvent, pour un motif quelconque, exclus des biens situés hors de France, la loi veut qu'ils prélèvent sur les biens de France une portion égale à la valeur de ceux dont ils sont exclus. Ce ne sont là que des représailles parfaitement justifiées : il ne faut pas que notre générosité nous réduise à l'état de dupes.

Ainsi, sauf une exception toute spéciale, les étrangers peuvent acquérir chez nous de la même manière que les nationaux; et les droits ainsi acquis par eux sont aussi soumis aux mêmes modalités. Ils peuvent donc acquérir avec terme et sous condition, et les actes passés par eux sont, comme tous autres, soumis aux chances de réduction et de résolution établies par la loi.

Enfin les modes d'extinction des droits sont aussi les mêmes pour les étrangers que pour les nationaux ; et quant aux modes de preuve, il y a également identité parfaite. Il serait absurde que la loi qui les admet, aussi bien que les nationaux, à l'exercice des droits réels, paralysât ces droits entre leurs mains en leur refusant tout ou partie des moyens les plus propres à en justifier l'existence.

Cependant il est des auteurs qui leur refusent le bénéfice de la prescription, qui, suivant eux, serait un mode d'acquisition du droit civil exclusivement réservé aux citoyens. D'abord, nous répondrons qu'à moins d'en faire la plus honteuse des iniquités, on ne peut voir dans la prescription ni un mode d'acquisition ni un mode d'extinction des droits; ce n'est qu'un moyen de preuve, une présomption. Ensuite, pour nous il importe peu qu'elle soit du Droit civil ou bien du Droit des gens; et même vis-à-vis des autres systèmes cet argument me semble sans portée. On dit que la prescription n'appartient pas au Droit des gens; mais quelle est donc la législation qui la repousse, quel est le Code qui ne consacre la possession prolongée durant un certain laps, qui ne libère le débiteur que son créancier a cessé d'actionner pendant des années ? De tout temps ces principes ont été admis par les législateurs ; chez tous les peuples la prescription se retrouve, elle est de toute antiquité, elle est universelle, elle appartient au Droit des gens. Je sais bien qu'en Droit Romain l'étranger ne pouvait usucaper; mais c'était parce que l'usucapion menait au *jus quiritium* et que le *jus quiritium* était interdit à l'étranger. Chez nous, au contraire, où il peut être propriétaire, pourquoi ne pourrait-il pas prescrire ? Du moins, les Romains qui lui fermaient la voie de l'usucapion, lui ouvraient-ils la ressource de la prescription de long temps ; mais chez nous cette ressource ne leur est pas offerte, et la loi qui appelle l'étranger à la propriété, n'a certes pas voulu le leurrer en lui accordant un droit sans consistance et toujours attaquable. Elle lui a reconnu la même propriété qu'aux Français, et la propriété sans la prescription ne serait qu'un mot vide de sens. J'ai, je le sais, contre moi la puissante autorité de Pothier; mais, malgré tout le respect que je professe pour lui, je respecte encore davantage la vérité et la raison, et c'est en vertu des principes de la vérité et de la raison que je me permets de ne pas adopter une opinion qui n'a pour elle qu'une fausse et fâcheuse réminiscence du Droit Romain.

Demandons-nous maintenant suivant quelle loi l'étranger pourra acquérir, exercer, modifier, prouver et perdre les divers droits réels que nous venons de lui reconnaître.

C'est la loi française qui, aux termes de l'art. 3, règle la forme et l'étendue des droits établis sur des immeubles sans qu'il y ait à distinguer la nationalité du propriétaire. Ce sera toujours la loi française qu'il faudra consulter pour savoir à quelle classe d'immeubles appartiennent les biens d'un étranger, quels droits peuvent être concédés sur ces biens, à quelles combinaisons juridiques ils peuvent se prêter, à quelles conditions, à quelles formalités leur aliénation est soumise. quelles modalités légales les affectent, Il y a ici une grave raison d'ordre public, car il importe fort qu'aucune partie du sol n'échappe à la loi territoriale, et l'autonomie d'une nation serait gravement atteinte si une portion plus ou moins étendue de son territoire pouvait être soustraite à ses lois pour passer sous une loi étrangère. Ainsi l'occupation ne sera jamais un mode d'acquisition des immeubles, en vertu de l'art. 713; ainsi les lois sur la chasse et la pêche régissent même les biens possédés par les étrangers; ainsi le trésor découvert sur le fonds d'un étranger se partagera par moitié entre lui et l'inventeur ; ainsi les dispositions du Code sur l'accession s'appliqueront à ses immeubles ; de même pour tout ce qui concerne la prescription. De nombreux auteurs, tant anciens que modernes, veulent excepter de cette règle la succession, soit testamentaire, soit *ab intestat*, pour régir les immeubles qu'elle comprend, aussi bien que les meubles par la loi personnelle du défunt. Il ne s'agit pas, dit-on, de statuer sur la dévolution de tel ou tel immeuble, mais sur l'ensemble, la masse des biens du défunt, et cette universalité n'a pas de situation proprement dite, elle est là où se trouvait le domicile du *de cujus*, avec qui elle se confond en quelque sorte. On invoque la volonté présumée du défunt et on se demande si ce n'est pas à sa loi domiciliaire qu'il a entendu se référer bien plutôt qu'à la loi territoriale. On fait remarquer qu'il serait étrange de ne pas soumettre à une seule et même loi tout l'ensemble d'une succession, plutôt que de la fractionner et de l'exposer aux effets contradictoires de plusieurs législations différentes. On dit enfin que peu importe à l'Etat à qui les biens sont dévolus, pourvu que ces biens n'échappent pas à son action et restent soumis aux diverses charges et impositions légales.

Quant à l'hypothèque légale, les avis sont très-partagés.

Suivant certaines personnes, elle n'existera jamais au profit des étrangers, car c'est un droit exorbitant établi au seul profit des nationaux et dont les étrangers ne peuvent demander la participation. Suivant d'autres, elle appartient exclusivement au statut réel, et les étrangers en jouiront lorsque la loi de la situation accordera pareille garantie aux mineurs, aux interdits et aux femmes mariées. Suivant nous, elle appartient surtout au statut personnel : du moment que la loi du mineur, de l'interdit ou de la femme mariée lui assure cette garantie, nous croyons qu'ils pourront l'exercer dans tous les pays où le tuteur et le mari auront des biens, pourvu toutefois que dans ces pays l'hypothèque existe ou que le législateur ne l'ait pas formellement repoussée comme dangereuse en pareil cas. Mais c'est là que se bornera l'action du statut réel, en ce qui concerne l'acquisition de cette hypothèque. Quant aux formalités à observer pour la vivifier et la conserver, c'est là une question de forme qui, nous le savons, est du ressort exclusif de la loi de la situation.

La solution que nous proposons semble au premier abord tout à fait en opposition avec les principes de la matière : Car, à coup sûr, il ne s'agit ici que d'une disposition relative aux biens, et il semble qu'il faille appliquer les règles du statut réel. Mais qu'on y regarde de près, et l'on verra qu'il n'y a là qu'une conséquence, qu'un appendice de la puissance tutélaire et de la puissance maritale, et que c'est la loi qui régit cette puissance, la loi qui détermine l'état du mineur ou de la femme mariée, la capa-

cté du tuteur et du mari, qui seule peut raisonnablement déterminer les garanties à affecter aux incapables, l'hypothèque à établir sur les biens de leurs protecteurs. Autrement il arriverait
qu'une femme qui, dans son pays, aurait toutes sortes de garanties fort puissantes, mais non l'hypothèque, pourrait cependant en exercer une sur les biens de son mari situés en France.
Dans quel intérêt, je le demande ? Comptait-elle, en se mariant,
sur cette nouvelle garantie ? Non. La justice l'exige-t-elle ? Pas
davantage, puisque nous lui supposons d'autres moyens de protéger ses intérêts. Non, l'hypothèque légale n'est qu'un accessoire de la puissance maritale ou tutélaire, et elle doit subir
le même sort que cette puissance, elle doit être régie par la
même loi, soumise aux mêmes dispositions. Et quand nous parlons ainsi, ce ne sont pas seulement les étrangers que nous dé-
fendons; c'est au nom des nationaux eux-mêmes que nous demandons cette solution; car eux aussi ils sont intéressés à ce
que leur hypothèque ne dépende que de leur loi et non de la loi
de la situation, et pour eux, comme pour les étrangers, il importe qu'elle puisse s'exercer partout, et non pas seulement dans
les pays qui ont une loi semblable à la nôtre. Appliquer la
règle *accessorium sequitur principale*, c'est, je crois, ce qu'il
y a de plus sage, de plus conforme tout à la fois à l'esprit de la
loi et à l'intention des parties.

Quant à l'opinion qui, tout en accordant généralement l'hypothèque aux étrangers, leur refuse l'hypothèque légale, elle est
trop contraire au texte pour qu'il me semble nécessaire de la ré-
futer : si la loi avait entendu établir une distinction aussi importante, elle en aurait au moins dit un mot, et ce n'est pas avec
des considérations générales tirées de l'esprit de la loi qu'on
arrive à refuser une garantie aussi précieuse, un droit aussi
nécessaire, à une classe de personnes que le Code n'en prive nulle
part.

Les considérations que nous venons de développer, s'appliquent avec la même autorité à l'usufruit légal : lui aussi n'est
qu'un accessoire de la puissance paternelle ; il doit donc être
régi par les mêmes principes que cette puissance. Autrement, on
arriverait à d'étranges conséquences, et il pourrait se faire que

la loi Française attribuât l'usufruit à un père ou à une mère qui n'exerce pas la puissance paternelle dans son pays, et que, *vice versa*, elle le refusât à des parents qui, d'après leur loi personnelle, devraient en jouir.

Jusqu'ici je n'ai parlé que des immeubles; mais tout ce qui précède est, à mon avis, aussi applicable aux meubles, et je reviens à ce que j'ai dit plus haut, relativement à cette assimilation.

Après avoir vu tout ce qui a trait à l'exercice des droits réels par les étrangers, passons à l'examen de leur position au point de vue des droits personnels ou des obligations.

Les étrangers, nous le savons, peuvent. en vertu du principe général de l'art. 11, corroboré par une foule d'autres textes, devenir créanciers ou débiteurs en France, soit vis-à-vis d'autres étrangers, soit envers des Français. Quant à la loi qui régira ces obligations, la volonté des parties est toute-puissante : en vertu du grand principe de la liberté des conventions, le législateur n'intervient ici que pour interpréter la pensée des parties dans le sens le plus raisonnable ; il ne commande donc pas, il se contente d'expliquer, de rechercher à quelle loi elles ont entendu se référer.

L'étranger peut acquérir la qualité de créancier ou de débiteur, par les mêmes moyens que le Français ; tous les modes d'acquisition lui sont ouverts. Son droit ou son obligation peut être affectée des mêmes modalités, et elle s'éteindra de la même façon. Cependant remarquons une exception dans les modes d'extinction : l'art. 905 Proc. refuse à l'étranger le bénéfice de la cession de biens, ce mode d'extinction particulier qui a pour effet de soustraire le débiteur à la contrainte par corps. L'étranger, comme nous le verrons, étant toujours contraignable, toujours menacé de cette rigoureuse mesure, la cession de biens à son égard n'avait plus de raison d'être.

La loi qui régira l'acquisition ou l'extinction de la créance, sera généralement celle du lieu où le contrat a été passé ; « car, dit « Merlin, tout homme qui contracte dans un pays, n'importe « qu'il y soit domicilié ou non qu'il y soit citoyen ou étranger, « est censé attacher aux clauses du traité qu'il y fait, le sens et

« les conséquences qu'y attachent les lois de ce pays. » Mais, comme nous l'avons déjà répété, la volonté des parties est ici souveraine, et c'est elle qu'il faudra avant tout consulter : si, par exemple, deux étrangers appartenant au même pays contractent en France, on sera fondé à présumer que c'est à leur loi personnelle qu'ils ont entendu se référer, et non à la loi territoriale. De même, pour l'interprétation d'un testament, on reconnaît généralement que c'est à la loi domiciliaire du testateur qu'il faut se référer, parce que c'est celle qu'il est censé le mieux connaître; mais ici encore les faits pourront contredire cette présomption.

Je ne fais d'exception que pour la prescription libératoire. Il me semble que, si elle est opposée en France, elle sera toujours régie par la loi française, car je ne saurais croire qu'un créancier dont le droit est prescrit après six mois, un an ou deux ans d'après le Code, puisse encore le faire valoir si la loi de son pays ou la loi du contrat le maintient au-delà de ce délai; je ne saurais surtout pas croire qu'une action puisse durer au-delà de 30 ans, alors même qu'elle serait déclarée imprescriptible par la loi du pays où le contrat a été passé. La prescription est d'ordre public, les étrangers ne sauraient donc échapper aux dispositions que la loi a cru devoir établir à cet effet dans l'intérêt général de la société. Je n'ignore pas la tendance contraire de la jurisprudence, et je sais parfaitement qu'il peut paraître injuste d'enlever au créancier au bout de cinq ans une action que, lors du contrat, il croyait prescriptible par trente ; mais c'est là un sacrifice que je demande à l'intérêt privé en faveur de l'intérêt et de l'ordre publics. D'ailleurs s'il est des cas où cette décision sera nuisible aux étrangers, il en est d'autres où elle leur profitera.

Quant à la sanction des obligations, les mesures d'exécution sont exclusivement soumises à la loi du lieu de l'exécution. Nous retombons ici dans le vaste domaine des questions d'ordre public, auxquelles les parties ne peuvent porter atteinte; la volonté des parties s'efface ici devant la toute-puissante autorité du législateur. C'est donc la loi du lieu de l'exécution qui dicte les formes à suivre pour y contraindre le débiteur, la manière de mettre la force publique en mouvement. les mesures à appliquer à la personne et aux biens de l'obligé; c'est elle qui décide si et quand il sera contraignable par corps ; elle qui fixe la marche et la procédure des saisies mobilières ou immobilières ; elle enfin qui marque l'ordre dans lequel les divers créanciers sont désintéressés.

Les priviléges sont exclusivement soumis à cette loi; car il s'agit là d'une matière intimement liée à l'ordre public, d'une matière dans laquelle les conventions privées sont sans effet. C'est la loi du lieu où les biens du débiteur sont partagés, qui règle l'ordre dans lequel les créanciers sont appelés, selon le caractère plus ou moins favorable de leurs droits, caractère dont seule elle est juge. Dès que je fais valoir ma créance en France, c'est la loi française qui décide si elle est plus ou moins digne d'intérêt, qui marque la place qu'elle devra occuper dans l'ordre ou la contribution, sans rechercher au profit de qui elle existe; si le créancier a rendu service au débiteur, s'il a mis tel ou tel objet dans son patrimoine, s'il a contribué n'importe comment à son augmentation ou à sa conservation, il a droit à la protection de la loi, il doit être préféré aux créanciers ordinaires, sans qu'il faille demander ni son nom ni sa nationalité.

Telle est en général la position de l'étranger en France pour ce qui concerne son aptitude à la jouissance et à l'exercice des droits politiques et privés.

Jusqu'ici nous l'avons supposé demandant à l'amiable l'exercice d'un droit ou subissant de bon gré une obligation ; le moment est venu de supposer que les choses se passent moins bien, qu'il y a résistance de la part de l'étranger ou à son détriment, et partant contestation judiciaire, procès. Cette position va soulever de graves difficultés que nous allons essayer de résoudre dans le chapitre suivant.

CHAPITRE III.

Contestations judiciaires.

Du moment que l'étranger est apte à exercer les divers droits privés, il doit être capable de les faire valoir devant les tribunaux; sans cette sanction, son droit serait illusoire, car on pourrait impunément le violer. A plus forte raison, doit-il pouvoir être appelé en justice quand il se refusera à l'exécution d'une obligation ; autrement, ce serait lui assurer dans l'Etat une position privilégiée, et le traiter mieux que les Français en lui permettant de se jouer à loisir de ses engagements.

Ceci est incontestable, et en ce point toute différence entre les étrangers et les nationaux serait une anomalie que jamais législateur n'a pu songer à consacrer. Mais si, dans le principe, pour le fond du droit, les positions sont identiques, on conçoit que dans l'application il se présente des distinctions, que les formes ne soient pas les mêmes et qu'il y ait des règles spéciales quand des étrangers figurent dans un procès.

Ce double point de vue a été parfaitement saisi par les rédacteurs du Code : les étrangers en France peuvent plaider devant les tribunaux comme les Français, comme eux ils peuvent alternativement jouer le rôle de demandeur ou celui de défendeur; mais quand ils se trouveront en cause, ou pourra les soumettre à des formalités qui ne sont pas exigées pour les Français.

§ 1, *Position de l'étranger demandeur.*

Si l'action qu'il s'agit d'intenter, est une action réelle immobilière, le Tribunal compétent sera celui de la situation de l'immeuble litigieux, en vertu du grand principe de l'art. 3, combiné avec Proc. 59, 3°.

S'il s'agit d'une action réelle mobilière ou d'une action personnelle, l'art. 15 déclare que le Français pourra être cité en France par un étranger, alors même que l'obligation eût été contractée hors de France. C'est l'application pure et simple de la maxime *actor sequitur forum rei;* aussi croyons-nous que si le débiteur Français était domicilié en pays étranger, ce serait le tribunal de son domicile qui serait compétent et non la justice française. C'est bien d'assimiler les étrangers aux régnicoles et de leur permettre d'agir comme eux; il ne faut pas aller plus loin, en leur accordant un privilége exorbitant et en les autorisant à distraire des Français de leurs juges naturels. Toutefois, du moment qu'on donnait aux étrangers le droit d'agir devant les tribunaux français, un danger se présentait qu'il fallait éviter : l'étranger n'a pas de racines en France; aucun lien sérieux ne l'y

rattache, et il est à craindre qu'après avoir occasionné des frais
de justice considérables à des adversaires qu'il a poursuivis à
tort, il n'ait disparu quand le moment de les recouvrer sera arrivé. C'est pour mettre le défendeur à l'abri de ce danger que la
loi impose au demandeur étranger l'obligation de fournir la caution *judicatum solvi* pour le paiement des frais et dommages-
intérêts, 16 et Pr. 166.

Cette caution est due par l'étranger demandeur principal ou
intervenant; le défendeur n'y est jamais soumis : il eût été sou-
verainement injuste d'entraver par une semblable obligation le
droit de défense, et on n'eût pu sans injustice adjuger ses conclusions au demandeur dont l'adversaire n'aurait pas offert cette
garantie Elle ne sera pas non plus exigée de l'étranger défendeur en première instance qui se pourvoira en appel, car il n'y
a là qu'une continuation de la défense; et j'en dirai tout autant
du pourvoi en cassation. Si, au contraire, c'est le Français, défendeur originaire, qui se pourvoit en appel, nous croyons qu'on
pourra exiger la caution devant les seconds juges, car l'étranger
est au fond toujours demandeur; sans doute, dans la procédure
les rôles sont intervertis, mais en réalité il s'agit toujours pour
lui de faire valoir ses droits. Je ne crains même pas d'étendre
cela au pourvoi en cassation, bien que la question soit discutée.
Mais cela n'est pas applicable au cas où l'étranger poursuit l'exécution d'un titre paré, car alors il ne forme plus une demande,
il se contente de faire valoir un titre exécutoire par lui-même.

Le principe sur lequel repose la nécessité de cette caution,
semblerait applicable à la demande reconventionnelle, bien différente de la demande au fond; mais le texte s'y refuse, et le législateur a bien fait, car il semble qu'empêcher cette demande,
ce soit entraver en quelque sorte la défense.

La caution est exigée en toutes matières autres que celles de
commerce : cette exception est motivée par le désir de faciliter
les relations commerciales et d'en accélérer la marche. Elle est
nécessaire dans le cas où l'étranger se porte partie civile devant
un Tribunal criminel; elle l'est également devant les juges de
paix, malgré la position de l'art. 166 Pr., car le principe général
se trouve dans l'art. 16.

Mais elle n'est pas d'ordre public, et il faut que le défendeur la demande expressément : son silence sera considéré comme une renonciation, et les juges ne pourront la suppléer d'office. C'est au début de l'instance qu'il doit proposer son exception, avant toutes autres défenses ou exceptions, même celles d'incompétence et de nullité. C'est là une question assez controversée, insoluble même si on s'en tient au texte évidemment contradictoire des art. 166, 169 et 173, Pr. Il faut donc consulter l'esprit plutôt que le texte, et alors on reconnaît que le but de la loi serait manqué si le défendeur Français devait, avant de s'être assuré cette garantie, se hasarder dans les frais de procédure considérables que pourrait occasionner la discussion d'une question de nullité ou d'incompétence. A l'appui de ce raisonnement, j'invoquerai la place même des articles : tout le monde est d'accord que, pour les autres exceptions, il faut suivre l'ordre dans lequel elles sont énumérées par le Code ; pourquoi donc déroger pour l'exception de caution , quand on n'a pour le faire qu'un texte ambigu, qui est lui-même victorieusement combattu par d'autres ? Enfin. dans les travaux préparatoires, je vois rejeter par le Conseil d'Etat un amendement du Tribunat qui voulait assigner à notre caution le troisième rang; comme rien dans le texte ne permet de lui donner le second, il faut évidemment s'en tenir an premier.

Si le régnicole n'a pas demandé la caution en première instance. nous ne le croyons plus recevable à l'exiger devant les seconds juges : il y a renoncé une fois pour toutes, et sa demande ne serait pas plus admissible que s'il prétendait faire valoir en appel l'incompétence *ratione personœ,*qu'il n'a pas invoquée tout d'abord. Mais s'il l'a demandée en première instance, il peut en appel en faire augmenter le montant.

C'est le tribunal qui tarife la somme du cautionnement : son évaluation comprendra les frais et dommages-intérêts, c'est-à-dire, tout ce que le défendeur pourra réclamer s'il obtient gain de cause; les juges n'ont pas à tenir compte de la somme principale, car jamais le défendeur n'y pourra prétendre, quelle que soit d'ailleurs l'issue du procès.

La loi, dans quelques cas spéciaux, dispense l'étranger demandeur de l'obligation de fournir caution : c'est lorsque les motifs sur lesquels cette obligation est fondée, n'existent plus, lorsque l'étranger offre des garanties de solvabilité et surtout de stabilité qui écartent toute idée de défiance. Les voici :

1° 16 et *Pr.* 167. Lorsque l'étranger justifie qu'il a en France des immeubles d'une valeur suffisante pour répondre de la somme fixée par le tribunal. Il n'est pas probable alors que l'étranger aille vendre à la hâte ces biens pour se soustraire au recours du défendeur; et d'ailleurs, quand même il les vendrait, l'aliénation serait le plus souvent annulée, comme faite en fraude des créanciers. C'est à tort que quelques auteurs exigent de l'étranger qu'il concède une hypothèque sur ces biens : c'est évidemment ajouter au texte et contrarier le but du législateur, puisqu'on exigerait un cautionnement *sui generis* précisément là où la loi dispense de toute caution.

Ainsi il faut que les immeubles soient d'une valeur suffisante pour payer le montant de la condamnation ; pour apprécier leur valeur, il faudra donc déduire les dettes, et les juges suivent habituellement les règles énoncées au cautionnement. D'ailleurs, il faudra que le demandeur soit propriétaire de ces immeubles ; l'usufruit ne serait pas une garantie suffisante; mais il en est autrement de la nue-propriété et même, sauf controverse, de l'emphytéose.

2° A défaut d'une caution, l'étranger peut offrir un gage d'une valeur suffisante pour répondre des condamnations.

3 Il est également dispensé de la caution lorsqu'il consigne la somme fixée par les juges ; c'est là une garantie encore bien supérieure à n'importe quelle caution.

4o Dans le cas d'un traité passé avec la nation à laquelle il appartient : c'est le cas pour les Suisses et les Sardes, en vertu de deux traités du 24 mars 1760, art. 22, et du 18 juillet 1828, art. 2 (1).

Jusqu'ici nous avons toujours supposé un étranger plaidant contre un Français ; supposons maintenant qu'il veuille intenter une action contre un autre étranger.

---

(1) Le Parlement de Toulouse applique la même décision en 1731 aux causes d'aliments : c'est là, il faut l'avouer, une décision aussi sage qu'humaine; car généralement celui qui réclamera des aliments, n'aura pas les moyens de fournir la caution. Il est à regretter que notre Code ne s'en soit pas inspiré.

Avant tout, les tribunaux français seront-ils compétents ?. Sans hésiter je réponds oui :

1o Pour l'action civile née à l'occasion d'un délit, ou même d'un quasi-délit, en vertu du principe général de l'art. 3, car il s'agit ici de lois de police et de sûreté ;

2o Pour l'action relative à un immeuble situé en France, en vertu du principe général de l'art. 3 et de la règle de compétence de Pr. 59.

3o Pour les contestations commerciales, en vertu même des besoins du commerce, des facilités et de la promptitude indispensables à ces relations.

4o En cas d'une élection de domicile dans un endroit déterminé du territoire Français pour l'exécution d'une obligation.

5o Pour les mesures conservatoires ou provisoires dans des contestations entre étrangers.

6o Pour l'action tendant à faire déclarer exécutoire en France un jugement émané d'un tribunal étranger, car les tribunaux Français sont alors seuls compétents.

Restent les matières civiles, pour lesquelles je propose la même solution, contrairement à la majorité des auteurs. Le système généralement admis décide que l'étranger défendeur peut décliner la compétence des tribunaux français quand le demandeur est lui-même étranger, et que les juges français peuvent même se déclarer incompétents. On dit, à cet effet, que la solution contraire violerait la règle *actor sequitur forum rei* et serait, d'ailleurs, contraire au texte de la loi, qui n'établit nulle part la compétence de nos tribunaux en pareille matière. J'admets parfaitement la première de ces raisons : Oui, si l'étranger n'est pas domicilié en France, oui s'il a son domicile dans son pays ou ailleurs, ce sera le tribunal étranger qui sera seul compétent, et la règle *actor sequitur forum rei* recevra pleine satisfaction. Mais s'il est établi en France, si c'est là qu'il s'est fixé, qu'il a réellement son seul et unique domicile, alors il faut nécessairement accepter la juridiction française, et cela encore au nom du même principe. Autrement le défendeur trouverait dans son extranéité même une garantie d'impunité, un sauf-conduit pour sa mauvaise foi, il serait mieux traité que les Français. Quant aux au-

tres motifs, ils n'ont aucune valeur. Il est vrai que nulle part
la loi n'établit la compétence de nos tribunaux en pareil cas;
mais qu'on me dise où elle prononce leur incompétence, car c'est
là le point à rechercher, d'après notre explication da l'art. 11?
Et pour ce qui est des difficultés à éviter à nos magistrats, qui
admettra un pareil argument ? Ne voit-on pas mille circons--
tances où ils ont à faire l'application de lois étrangères, et le
même inconvénient ne se rencontre-t-il pas dans toute son étendue quand le procès a lieu entre un Français et un étranger ? Et
puis, n'est-ce pas faire injure à notre magistrature, si éclairée et
si savante, que de la croire impropre à faire l'application d'une
loi qui ne serait pas Française ? Du reste, la jurisprudence qui
penche ouvertement pour le système de nos adversaires, est
obligée d'y apporter tant de restrictions, de réticences et d'exceptions de toutes sortes, qu'elle finit par le rendre méconnaissable
et qu'à peu de chose près, elle arrive aux résultats que nous proposons. Voilà la Cour de cassation (8 avril 1851) qui admet la
juridiction française parce que la convention dont il s'agit, avait
eu lieu en France; voilà la Cour de Douai, qui se prononce dans
le même sens parceque les faits dommageables dont on demande
la réparation, se sont accomplis en France (22 juillet 1851). Je
m'empare de ces arguments, et je dis que dans toutes les hypothèses possibles ils seront applicables : que vous repoussiez
ma réclamation, que vous refusiez de faire droit à ma demande,
que vous ne veuillez pas payer, que vous invoquiez une qualité
que j'ai intérêt à vous refuser, du moment que vous vous trou-
vez en France, c'est en France que le fait dommageable se passe,
c'est en France que je puis faire appel à la justice. Voilà où
mènent les considérants de la jurisprudence, et telles sont les
conséquences qu'en déduit un esprit subtil. Mais ce n'est pas
avec de pareilles arguties que je veux combattre, car la loi
m'offre des raisons bien autrement puissantes : je me fonderai
sur l'article 3, et c'est au nom de l'ordre public que je demanderai protection pour l'étranger qui réclame justice, au nom de
la morale, que je ferai poursuivre son adversaire, qui voudrait
profiter de son extranéité pour se libérer de ses engagements et
échapper à l'action de la loi. La jurisprudence l'a compris, et

par une distinction fort équitable en fait, mais injustifiable en droit, elle exige que, pour opposer utilement le déclinatoire d'incompétence, l'étranger justifie qu'il a ailleurs un domicile. Cela est raisonnble, je le répète, mais sur quoi le fonde-t on? Un système obligé de faire de pareilles concessions, n'en est plus un.

Mais supposons que les deux plaideurs soient d'accord pour se soumettre à la justice française : celle-ci peut-elle leur refuser son appui? Je ne vois pas pourquoi; n'est-elle pas instituée pour faire régner le droit et mettre fin aux procès? Toute contestation est un fait regrettable, nuisible à l'harmonie de la société; la justice est là pour rétablir l'accord et étouffer la discorde. Qu'importe entre qui la discussion s'élève? Dès l'instant qu'elle compromet l'ordre public, la justice a le droit et le devoir d'intervenir dans l'intérêt de la paix si nécessaire dans un état. La loi, qui autorise les étrangers à contracter en France, doit leur offrir une garantie de leurs droits et ne peut leur refuser sa protection sans blesser à la fois la morale et la raison. Par ce refus elle court risque d'éterniser les procès, car trop souvent la crainte des déplacements et des frais empêchera les parties d'aller chercher au dehors une justice qu'ils ne trouvent pas chez nous. Aussi sais-je très-bien qu'en fait nos magistrats, qui ne reculent ni devant la fatigue ni devant les difficultés, n'useront guère de cette faculté; mais enfin, mieux vaut encore la leur enlever complètement. C'est ce qu'on a compris en tout temps et en tout lieu; dans aucun pays de l'Europe les étrangers n'ont à craindre de se voir repousser par les tribunaux locaux. Ce n'est qu'en France qu'à la faveur du silence de la loi, on a prétendu que les juges peuvent d'office se déclarer incompétents. Mais les motifs qu'on invoque et que j'ai déjà réfutés plus haut, ne sauraient me faire accepter un système aussi contraire au Droit des gens et à la morale qu'opposé aux véritables intérêts de la France, contre qui il provoque de fâcheuses mesures de rétorsion ; tant qu'un texte formel ne viendra le consacrer, je n'hésiterai pas à le repousser.

Une fois admis que deux étrangers peuvent plaider devant les tribunaux français, s'élève la question de la caution *judicatum solvi*; le défendeur étranger peut-il l'exiger? Non, si c'est un privilége spécial, un droit exceptionnel accordé aux Français ; oui, si c'est une mesure de sûreté, d'ordre public, destinée à protéger contre des poursuites malveillantes ou inconsidérées. Les deux solutions sont proposées : pour la première on invoque la position de l'art. 16 au titre de la jouissance des droits civils, et on se fonde sur l'égalité de position des deux plaideurs, sur le peu de garanties qu'ils offrent tous deux : pourquoi, dit-on, accorder au défendeur pour les frais une sûreté qu'il n'offre ni pour les frais ni pour le principal ? Il serait difficile de trouver des raisons moins plausible ; pour qui connaît l'imperfection de nos Codes, la place de l'art. 16 ne saurait être un argument sérieux, d'autant mieux que la loi, en parlant de la position des étrangers devant nos tribunaux, devait nécessairement s'occuper de la caution *judicatum solvi*, sans qu'on eût le droit d'en conclure que les seuls Français peuvent l'exiger.

Quant à la pretendue égalité de position des parties, ceci nous semble une véritable dérision : quoi, parce que je ne suis pas fixé au sol, un homme mal intentionné pourrait m'intenter un procès, m'entraîner à des frais considérables, m'occasionner toutes sortes de tracas et d'ennuis, puis s'échapper quand il s'agirait de réparer ce préjudice, sans que moi j'eusse aucun moyen de m'en garantir ? Et vous dites que notre position est égale, parce que je puis m'enfuir comme lui et me soustraire ainsi à ce procès ? Mais si je me trouve bien où je suis, si je veux défendre mon honneur que ce procès compromet, si je veux faire proclamer ouvertement le mal fondé de la demande, si je ne veux pas avoir l'air de reconnaître la prétention en fuyant le combat, alors croyez-vous que je m'échapperai ? Si je suis un honnête homme, je reste, et ma position est donc bien différente : il ne dépendait pas de moi d'empêcher l'attaque ; l'adversaire, au contraire, pouvait s'en abstenir. Et puis il arrivera souvent que j'offrirai des garanties réelles qui me dispenseraient de fournir une caution si je voulais agir comme demandeur, quand je serai, par exemple, propriétaire d'immeubles ; dans ces cas-là, le motif de nos adversaires disparaît complétement. D'ailleurs il s'agit de prévenir une fraude, il s'agit de défendre un homme paisible contre des attaques inconsidérées : dès lors la protection de la loi doit lui être assurée. Du moment que la justice a prononcé, il faut assurer l'exécution de ses décisisions, il faut que son autorité soit respectée, aussi bien quand elle doit profiter à un étranger que lorsqu'elle servira à un national. Il y a là une mesure d'ordre public, et ces mesures existent pour tous indistinctement. Du reste, le texte se prête parfaitement à cette solution, qui était universellement admise dans l'ancien Droit, et pourtant l'on sait que les Parlements ne se montraient guère favorables aux aubains.

Après avoir considéré l'étranger comme demandeur, voyons-le maintenant dans le rôle de défendeur.

§ 2. *Position de l'étranger défendeur.*

En principe, le defendeur ne peut-être actionné qu'au lieu de son domicile, en vertu de la règle *actor sequitur forum rei*, consacrée par l'art. 59 Pr.

Mais, par crainte que le Français créancier d'un étranger n'eût trop de peine à obtenir justice devant le tribunal domiciliaire du débiteur, le Code a établi en sa faveur un privilége tout à fait exorbitant : il lui permet de distraire son adversaire de ses juges naturels pour l'appeler devant les tribunaux français. C'est là, il faut le reconnaître, quelque chose de bien grave ; et les rédacteurs sont allés trop loin en dérogeant ainsi à une des maximes fondamentales du Droit, pour permettre à un plaideur de citer son adversaire loin de sa patrie, loin de ses affaires, et de l'entraîner à des dépenses considérables pour un intérêt souvent minime, quelquefois pour une mauvaise chicane. Le détestable accueil que cet article a reçu dans les pays étrangers, l'impopularité qui s'est attachée à lui, les mesures de rétorsion fâcheuses qu'il a provoquées contre les Français, tout cela est bien fait pour inspirer quelques doutes sur l'efficacité d'une pareille mesure. Quoi qu'il en soit, elle existe, il faut donc l'étudier.

Constatons avant tout qu'on ne la retrouve pas dans l'ancien Droit, si rigoureux cependant à l'égard des étrangers, et que le projet primitif ne l'établissait qu'avec une distinction : quand la dette était née en France, le créancier pouvait toujours citer son débiteur devant les tribunaux français ; au contraire, lorsqu'elle était née à l'étranger, ce droit n'existait plus pour lui que si le défendeur se trouvait en France. Cette distinction fut effacée à la suite d'une conférence entre le Tribunat et le Conseil d'État, et on assimila les deux cas ; mais, au lieu de les réunir dans une même proposition, on se contenta de rayer les derniers mots du projet, et voilà pourquoi nous voyons dans l'article 14 deux phrases pour exprimer la même idée ; voilà pourquoi la loi se sert des deux expressions *cité* et *traduit*, qui, distinctes dans l'origine, n'expriment plus aujourd'hui qu'une seule et même idée. Le Français peut donc, dans tous les cas, poursuivre devant les tribunaux de son pays son débiteur étranger, que le contrat ait eu lieu en France ou ailleurs, que son débiteur se trouve ou non sur notre territoire. Mais devant quel tribunal français devra-t-il l'assigner ? Si son adversaire est domicilié dans le pays, pas de difficulté, nous sommes dans le droit commun ; s'il y réside simplement, s'il s'y trouve accidentellement, ce sera devant le tribunal de sa résidence, en vertu de l'article 59 ; mais s'il est hors du pays, ce sera devant le propre tribunal du demandeur. Je ne saurais admettre la doctrine qui lui permettrait de choisir indifféremment entre tous les tribunaux de France pour préférer peut-être celui qui sera le plus éloigné et entraînera le plus de frais. Non, l'article 16 renverse, au profit du demandeur, la règle *actor sequitur forum rei,* lorsque le défendeur ne se trouve pas en France ; c'est comme si à la règle ordinaire il substituait celle ci : *reus sequitur forum actoris* Il serait contraire à la justice et à l'esprit de nos lois que la compétence fût ainsi abandonnée au caprice du demandeur ; il faut qu'elle soit assise sur des bases plus fixes. Je n'admettrai pas d'avantage le système qui veut que l'action soit portée devant les tribunaux du lieu de la convention, car jamais dans nos lois le lieu du contrat n'est par lui-même attributif de juridiction. Mais j'excepterai forcément le cas où le créancier n'aura pas son domicile en France : alors il faudra lui laisser toute latitude, sauf cependant au tribunal à lui refuser son concours, s'il appert que son choix est dicté par la malveillance ou la mauvaise foi (Cass. 8 juillet 1840 ; *contra* Cour de Paris, 28 février 1814.

Notre article, en parlant des obligations de l'étranger envers le Français ne distingue aucunement entre les diverses sources d'obligations, et comprend indifféremment tous les cas où un Français se trouvera créancier d'un étranger, que ce soit par contrat ou par quasi–contrat, par délit ou par quasi-délit. Comme il s'agit tout simplement de renverser la règle *actor sequitur forum rei*, il me semble que l'article régit également le cas où la contestation concerne un droit réel sur des meubles.

Faut-il excepter l'hypothèse où ce ne serait pas directement, par son fait propre, que l'étranger serait devenu débiteur du Français, mais indirectement, sans son intervention : je veux parler du cas d'une cession? Avant tout, nul doute que, s'il s'agit d'un titre commercial souscrit au profit d'un étranger et arrivé par voie d'endossement entre les mains d'un Français, l'article recevra toute son application, car le souscripteur d'un pareil effet s'engage d'avance envers tous ceux qui pourront plus tard le recevoir par endossement et non pas seulement envers le bénéficiaire primitif. Mais cela serait-il également vrai pour un titre civil transmis par une cession ordinaire? Évidemment, on ne saurait invoquer ici les mêmes motifs ; mais, après de longues hésitations, je me décide, quoiqu'à regret, à admettre la même solution. Je ne sache pas de question devant laquelle mon esprit ait été plus longtemps en suspens, et quoi qu'il m'en coûte d'adopter la solution la plus rigoureuse, je crois que le but que s'est proposé la loi, exige de nous ce sacrifice. Quel a été le motif du législateur, lorsqu'il a édicté notre article 14 ? Entendait-il tout simplement poser une règle d'interprétation et expliquer de la manière la plus rationnelle l'intention présumée des parties ? La rédaction primitive aurait pu le faire croire : mais lorsqu'on permet à un régnicole de poursuivre en France l'étranger qui habite peut-être à cinq cents lieues de nos frontières, pour une obligation qu'il a contractée à une pareille distance, il est bien certain qu'on ne consulte pas sa volonté et qu'au jour du contrat, alors qu'il ignorait peut-être la nationalité de son créancier, il ne s'est pas soumis à cette compétence. Le motif de la loi est donc bien autre, et il suffit de jeter les yeux sur ce qui a été dit dans la discussion, pour s'en convaincre : il n'est question que de l'intérêt des Français, du besoin de leur assurer prompte et bonne justice, du désir de leur éviter les embarras d'un procès à l'étranger qui n'aboutirait jamais qu'à un jugement non exécutoire en France. Voilà ce que les rédacteurs ont voulu prévenir, et, pour le faire, ils n'ont pas reculé devant le moyen violent d'un changement de compétence; ils se disaient qu'en définitive il y aurait réciprocité entre les Français et les étrangers, et que, si ceux-ci sont, d'après l'article 14, distraits de leurs juges naturels, ceux-là subiront le même sort en vertu de l'article 15.

Que deviennent dès lors les motifs qu'on invoque contre nous, ne disparaissent ils pas devant ce grand motif de Droit public qu'il faut rendre justice à tous nos sujets et les soustraire aux lenteurs et aux difficultés des procès à l'étranger ? En vain me dira-t-on que la cession ne peut aggraver la position du débiteur, *nemo plus juris ad alium transferre potest quam habet.* Je répondrai qu'il est encore plus important de protéger les personnes et les biens de nos nationaux, et que l'intérêt privé doit céder le pas à l'intérêt public, d'autant mieux que la réciproque pourra se présenter et que l'étranger, débiteur d'abord d'un Français, pourra, par le fait d'une cession, se trouver débiteur d'un étranger, et soustrait ainsi à la juridiction française. Si l'on m'objecte que l'étranger, en s'engageant, n'a accepté que la compétence de ses juges naturels, je répondrai qu'en principe on n'a jamais de droit acquis à aucune compétence, pas plus le débiteur que le créancier, et qu'en général le demandeur est obligé de suivre son débiteur partout où il plaît à celui-ci de transporter son domicile. Du moment qu'on intervertit les rôles, le défendeur doit se résigner aux mêmes inconvénients. C'est ainsi que si le créancier, étranger d'abord, acquiert plus tard la nationalité française, le débiteur, qui n'avait certes pas songé à cette éventualité, sera soumis à la disposition rigoureuse de notre article, contrairement à ses prévisions et à ses légitimes espérances. De même, sa position s'aggravera si, comme nous le supposons, le changement de nationalité est le résultat de la substitution d'un nouveau créancier. La vérité est qu'on ne peut ja-

mais prétendre un droit acquis à aucune compétence : mille circonstances peuvent venir tromper nos prévisions, une nouvelle loi
qui modifierait la règle primitive, le changement de domicile du
débiteur, la substitution d'un nouveau débiteur ou d'un nouveau
créancier. Dès lors, la solution que nous avons cru devoir adop_
ter, se justifie d'elle-même, et, quelque rigoureuse qu'elle soit,
nous la croyons conforme au droit, conforme surtout à la pensée
du législateur. Est-ce à dire que nous approuvions ces dispositions ? Dieu nous en garde : nous ne saurions assez regretter le
principe posé par l'art. 14; mais, du moment que le principe
existe, le résultat est inévitable. Ce n'est pas au jurisconsulte
qu'il appartient de repousser les fâcheuses conséquences d'un
mauvais principe; il n'est que l'esclave du législateur; il peut
déplorer ses erreurs, il peut chercher à l'éclairer, mais il ne
lui est pas permis de ne pas se soumettre. Tel est notre
système; ce n'est qu'à contre-cœur que nous l'adoptons; mais
dans l'étude de cette question, nous avons dû immoler nos
sympathies pour les étrangers aux exigences de la vérité, qui
nous est encore plus chère; et c'est presque avec un sentiment de
satisfaction que nous voyons la jurisprudence adopter le système
contraire, plus humain, sinon plus logique.

On peut par des traités déroger aux dispositions de notre article. C'est ce qui a été fait par la Russie, le 11 janvier 1747
et par la Suisse, le 18 juillet 1828.

Le Français peut-il renoncer au droit consacré par l'art. 14 ?
La lecture seule du texte suffit pour montrer qu'il s'agit là d'une
simple faculté, d'une pure alternative au profit du Français. La
loi a voulu lui faciliter les moyens de faire valoir ses droits, e
pour cela elle lui permet de recourir aux tribunaux Français,
s'il y trouve son intérêt, si le débiteur possède en France des
biens sur lesquels on pourra exécuter le jugement; mais si ni lui
ni ses biens ne sont à la disposition du créancier à quoi lui servi-
rait un jugement français qui ne serait pas exécutoire à l'étranger ? En pareil cas, le régnicole ne trouverait aucun avantage
dans l'application de l'art. 14, et il pourrait certainement, se
prévalant des principes du Droit commun, renoncer au bénéfice

de cet article, pour se mettre sous la protection de la règle *actor sequitur forum rei*.

Mais cette renonciation n'a nullement besoin d'être expresse; il suffit qu'elle ressorte de l'ensemble de la conduite du demandeur. Ainsi, nous l'induirons de ce qu'il a intenté son action devant le tribunal étranger. Dès lors, il ne sera plus admis à poursuivre son débiteur devant les tribunaux Français, soit durant, soit après le procès entamé à l'étranger. On ne verrait pas pourquoi il pourrait intenter cumulativement deux actions, l'une en France, l'autre ailleurs; et on comprendrait encore moins qu'après avoir épuisé tous les degrés de juridiction en pays étranger, il vînt remettre en question, devant des juges Français, un point que les juges étrangers ont décidé contre lui. C'était ce que décidait l'ancienne jurisprudence, et il n'est pas permis de supposer que le Code ait voulu renchérir sur elle. Ce serait se tromper étrangement sur la portée de l'art. 2123, que de l'invoquer pour prétendre que l'instance entamée en pays étranger ne donne pas lieu à l'exception de litispendance ou que la décision rendue dans ce pays sera considérée comme non avenue en France. Cet article n'a trait qu'à la question d'exécution des jugements étrangers et ne s'occupe nullement de l'autorité de la chose jugée.

Cet argument écarté, nous répétons ce que nous disions plus haut : la loi a accordé au Français le droit de choisir entre deux compétences; c'est à lui à se décider pour celle qui lui semble préférable ; mais son parti une fois pris est irrévocable, et il ne peut plus revenir sur sa première décision si plus tard il s'en repent. Autrement, que signifierait la sentence des juges étrangers? Ne serait-ce pas une dérision que de lui permettre de s'y soustraire après l'avoir provoquée, et dès qu'elle est rendue, ne doit-elle pas passer pour la vérité tout aussi bien que si elle émanait de juges Français? Depuis une quinzaine d'années, on signale dans la jurisprudence une tendance fâcheuse, suivant moi, à n'admettre qu'avec une sous-distinction les principes que nous venons de poser : Un arrêt de Rouen du 19 juillet 1842 décide que la litispendance en pays étranger n'est pas un obstacle à l'application de notre texte, lorsque le défendeur, qui, au moment où on lui intentait la première action, ne possédait aucun bien en France, en a acquis depuis lors. En pareil cas, dit l'arrêt, le choix du demandeur n'était pas libre; à vrai dire, il n'a pas opté puisqu'à l'origine il ne pouvait utilement porter son action devant les tribunaux français. Ces raisons n'ont aucune valeur à mes yeux. La décision rendue par les juges étrangers est-elle sérieuse ou non? Du moment que ce n'est pas une pure comédie, il faut la respecter, il faut se courber devant el e comme devant tout ce qui émane de la justice : ce serait outrager le tribunal qui l'a rendue, que de permettre au demandeur de la tenir pour non avenue quand elle ne lui sera pas favorable, ou de suspendre son action quand il trouvera quelque moyen plus efficace. Je repousse donc cette distinction, et je prétends que le choix fait par le demandeur est irrévocable : si à ce moment le débiteur n'avait pas de biens en France et qu'il en acquière postérieurement, le demandeur, qui aura naturellement porté le procès devant les juges étrangers, en sera quitte pour faire déclarer exécutoire en France le jugement qu'il aura obtenu; le résultat sera alors généralement le même, mais du moins aurons nous sauvegardé les intérêts de la justice sans compromettre ceux du Français demandeur.

Remarquons toutefois que la litispendance en pays étranger ne formera par une fin de non recevoir, quand elle n'impliquera pas option de la part du régnicole; quand, au lieu d'actionner son adversaire, il aura été poursuivi par lui devant le tribunal étranger et qu'il n'aura fait aucun acte qui suppose sa renonciation au bénéfice de l'art. 14.

Du reste, cette renonciation peut résulter de faits autres que la litispendance : par exemple, si dans un acte passé avec un étranger, Français a fait élection de domicile dans un lieu situé hors de France. Rien enfin ne l'empêche de renoncer expressément au privilége que lui accorde la loi.

Contrainte par corps.

Nous avons déjà eu occasion de dire que la loi n'exige pas de l'étranger défendeur la caution qu'elle impose au demandeur étranger : l'intérêt sacré de la défense, l'intérêt de la vérité ne permettaient pas de condamner *de plano* et sans l'avoir entendu, le défendeur qui ne pourrait fournir la caution. Cependant il fallait veiller à ce que le débiteur étranger ne pût pas se soustraire aux poursuites de ses créanciers, soit avant, soit pendant, soit après le procès ; il fallait trouver un moyen d'obtenir jugement contre lui et de faire respecter la sentence une fois prononcée. A défaut d'autre, le législateur a cru bon de recourir à l'expédient brutal de la contrainte par corps : ne pouvant mettre la main sur les biens de l'étranger, il n'a cru pouvoir mieux faire que de s'assurer de sa personne en l'incarcérant. C'est pour cela qu'un décret du 4 floréal an VI rétablit la contrainte par corps pour tous engagements de commerce entre Français et étrangers; et que la loi du 10 septembre 1807 permettait de contraindre par corps l'étranger condamné pour la somme la plus minime, et même de l'arrêter provisoirement, sur une simple ordonnance du Président du tribunal. dès que la dette par lui contractée serait échue ou exigible. Toutefois, comme on ne recourait à ce moyen vexatoire qu'à défaut de garanties pécuniaires, la loi en exemptait l'étranger qui avait en France un établissement de commerce ou des immeubles d'une valeur suffisante pour assurer le paiement de la dette, ou bien s'il offrait une caution Française. Ces exceptions cependant ne pouvaient s'appliquer qu'à l'arrestation provisoire, car, après le jugement de condamnation, il n'y a plus qu'à s'éxécuter, et toutes les garanties, gages et cautions imaginables ne sauraient servir à différer l'exécution. Cette loi était extrêmement rigoureuse : La plus mince condamnation pouvait motiver l'arrestation définitive, et aucun terme n'était fixé à l'arrestation provisoire. La loi du 17 avril 1832 vint modérer ces exagérations : Elle n'autorise plus la contrainte qu'autant que l'intérêt engagé présente une certaine importance; elle veut que la demande principale s'élève à 150 fr. L'arrestation provisoire cesse désormais de plein droit si, dans la huitaine. le demandeur n'a porté devant le tribunal la demande principale à fin de condamnation ; la mise en liberté sera prononcée par ordonnance de référé, sur une assignation donnée au créancier par l'huissier que le président aura commis dans l'ordonnance même qui autorisait l'arrestation, et, à défaut de cet huissier, par tel autre qui sera commis spécialement. La durée de la contrainte définitive varie suivant l'importance de la somme, mais elle ne sera jamais moindre de deux ans ni supérieure à dix. Cette mesure ne pourra être appliquée aux vieillards, dès qu'ils auront commencé leur 70e année, ni aux femmes, sauf, pour les uns et les autres, le cas de stellionat. Une loi du 13 décembre 1848 est encore venue adoucir ces dispositions, en réduisant à cinq ans la plus longue durée de la contrainte, en réduisant à six mois le minimum, et en déclarant que jamais le mari et la femme ne pourront être simultanément détenus, fût-ce pour des dettes différentes, cas auquel la loi de 1832 permettait de les arrêter tous deux.

La contrainte par corps ne peut être exercée que par le créancier français, et ce mode d'exécution est refusé à l'étranger qui aura obtenu gain de cause. Au premier abord, on s'explique difficilement cette distinction, car, dès qu'il s'agit d'assurer l'exécution d'une sentence d'un tribunal français, dès qu'il s'agit de faire respecter les décisions de nos magistrats, peu importe, en définitive, à qui elles doivent profiter : il s'agit de prévenir un scandale, d'empêcher qu'on ne se joue d'une condamnation ; l'ordre public est en jeu, et les moyens de le protéger ne doivent pas varier suivant que des intérêts français ou des intérêts étrangers se trouvent engagés. Cependant la contrainte par corps est une mesure si exceptionnelle, si contraire à l'esprit général de notre législation, que le législateur a sacrifié ces considérations générales au désir de sauvegarder la liberté individuelle. C'est pour cela que toutes ses dispositions limitent le droit de l'exercer aux seuls Français, contrairement à la caution *judicatum solvi*, pour laquelle nous avons admis une décision opposée, dans le silence du texte et en l'absence des graves motifs qui ont déterminé ici le législateur.

Mais le Français créancier d'un étranger pourra-t-il dans tous les cas exercer ce privilége exorbitant, ou faudra-t-il que la créance soit née directement à son profit? S'il n'en est que cessionnaire, lui refuserons-nous cette garantie? C'est la même question que nous avons déjà débattue à propos de la compétence sur l'art. 14, et nous nous retrouvons ici en face des mêmes opi nions que nous avons signalées plus haut ; et néanmoins notre décision sera toute différente. Si le débiteur n'a pas de droit acquis à telle ou telle compétence, il a certainement un droit acquis à ne jamais être contraint par corps, s'il ne s'était pas soumis à cette mesure au moment du contrat. Qu'une loi nouvelle vienne modifier les règles de compétence, elle régira les actes antérieurs ; mais jamais personne ne soutiendra qu'une loi sur la contrainte par corps pourra frapper des actes qui jusque-là échappaient à cette mesure. C'est qu'il y a là une mesure pénale avant tout, et tout le monde reconnaît que les lois de cette espèce ne rétroagissent que dans l'intérêt, jamais au détriment de ceux qu'elles frappent. Il est donc bien juste qu'aucun acte postérieur, pas plus une cession qu'une disposition législative, ne puisse empirer la situation du débiteur étranger. J'excepte bien entendu les titres transmissibles par endossement, attendu que le souscripteur qui s'engage envers tous les endosseurs, sait d'avance que parmi eux pourra se trouver un Français, et se soumet ainsi virtuellement à la contrainte par corps. Mais naturellement aucune de ces dispositions ne saurait concerner l'étranger failli : faillite et contrainte par corps étant incompatibles.

CHAPITRE IV.

AUTORITÉ ET EXÉCUTION DES ACTES PASSÉS ET DES SENTENCES RENDUES EN PAYS ÉTRANGER.

SECTION I.

Actes passés à l'Étranger.

Nous ne reviendrons pas ici sur la règle *Locus regit actum*, que nous avons suffisamment développée ail'eurs. Nous savons que la forme des actes est régie par la loi du lieu de leur passation, et que l'acte rédigé d'après les prescriptions de cette loi est considéré comme valable partout et produira partout ses effets. C'est là un principe universellement reconnu et que le Code a consacré dans maintes dispositions, art. 47, 170, 999 ; toutefois il ne faut l'entendre qu'avec certaines restrictions, et l'art. 546 Pr. nons montre que les actes passés en pays étranger n'ont pas force exécutoire en France, à moins de dispositions contraires dans les lois politiques ou les traités. Rien de plus sage que cette disposition : un État jaloux de son indépendance ne peut se soumettre aux ordres d'officiers publics étrangers ni permettre aux autorités d'autres pays de mettre chez lui la force publique en mouvement ; lui seul doit pouvoir en disposer et la faire servir à la protection des intérêts des particuliers. Dès lors, on ne pouvait raisonnablement permettre à un notaire étranger de commander aux autorités du pays ni de les obliger à prêter main forte à l'exécution d'engagements reçus par lui. Cette exécution ne pouvait être ordonnée que par les officiers du pays à qui la loi délègue ce pouvoir, jamais par une autorité étrangère, et de tout temps ce point a été reconnu.

L'acte authentqiue reçu par un officier public étranger ne sera donc jamais exécutoire en France, à moins qu'il n'y ait des dispositions contraires dans les lois politiques ou les traités. Des lois politiques : il n'y en a point qui s'occupent de cette question ; des traités : on ne trouve que celui passé avec la Sardaigne le 24 mars 1760, art. 22, renouvelé le 4 vendémiaire an XII, art. 15, et d'autres conclus avec la Suisse à diverses époques, notamment le 18 juillet 1828 ; mais, d'après un arrêt de cassation du 18 mai 1831, ces conventions avec la Suisse ne se réfèrent qu'aux contrats passés par des *Français* ou des *Suisses*.

Ne peut-on pas faire déclarer exécutoires par des tribunaux français les contrats passés à l'étranger ? Quelques personnes se le sont imaginé, faute d'avoir bien lu l'art. 546 : il ne renvoie à l'art. 2123 que pour les jugements, mais pour les actes il se réfère à l'art. 2128, qui ne dit mot de l'intervention des tribunaux.

Le porteur d'un pareil titre devra donc procéder comme s'il n'avait qu'un titre sous seing privé, qu'une *simple promesse*, pour me servir des expressions de l'ordonnance de 1629. Sans doute au point de vue de la foi due à l'acte, il sera mieux traité, car nous sommes convaincu qu'il faudra pour l'attaquer une inscription de faux ; mais pour parvenir à l'exécution, il devra assigner son débiteur et obtenir condamnation ; et alors ce sera en vertu du jugement, non par suite du titre primitif, que l'exécution s'effectuera.

Mais la force exécutoire doit être soigneusement distinguée du droit d'hypothèque. Ici nous rentrons dans le domaine du droit privé, et la volonté des parties doit reprendre sa toute-puissance. Aussi fut-il pendant longtemps admis que la convention d'hypothèque passée en pays étranger avait effet sur les biens de France, sans devenir pour cela exécutoire. Mais, égarés par leur zèle à défendre les droits de la souveraineté, les jurisconsultes féodaux finirent par confondre ces deux éléments si distincts, la valeur intrinsèque de l'acte et son exécution, et par refuser tout effet à la convention d'hypothèque passée eu pays étranger, alors qu'on n'eût dû lui dénier que la force exécutoire. Ce qui contribua encore à la confusion, c'est que dans l'ancien Droit, si l'hypothèque ne pouvait résulter que d'un acte exécutoire, tous les actes exécutoires emportaient hypothèque d'eux-mêmes, sans aucune convention des parties. C'est sous l'empire de ces idées que l'art. 121 de l'ordonnance de 1629 disposait que « les « contrats et obligations reçus ès-royaumes et souverainetés « étrangères, pour quelque cause que ce soit, n'auront aucune « hypothèque ni exécution en France, mais tiendront les contrats « lieu de simples promesses. » Sous le Code, les actes notariés, bien qu'exécutoires, n'emportent plus hypothèque, et la cause de la confusion qui s'était produite dans l'ancien Droit, a disparu ; cependant la conséquence erronée à laquelle on était arrivé, s'est maintenue, et l'art. 2128 ressuscite l'art. 121 de l'ordonnance, qui est encore aujourd'hui plus illogique qu'alors. Inconséquence singulière qui ne s'explique que par la tradition et que l'inattention du législateur a seule pu conserver depuis plus de deux siècles : je ne pourrai pas constituer en pays étranger la moindre hypothèque sur mes biens de France, alors que je suis parfaitement capable de les grever des servitudes les plus onéreuses ou même de les aliéner ; je peux le plus et le moins m'est interdit ! Hâtons-nous cependant d'ajouter que ceci ne s'applique qu'à l'hypothèque conventionelle, car nous avons déjà vu que l'hypothèque légale peut très-bien résulter d'un mariage contracté ou d'une tutelle ouverte à l'étranger ; et pour l'hypothèque judiciaire nous allons trouver des dispositions spéciales.

SECTION II.

Jugements émanés des tribunaux étrangers.

Demandons nous maintenant quelle sera la puissance d'un jugement rendu par un juge étranger, soit dans son pays, soit en France, s'il s'agit d'un Consul.

Ici reparaissent les raisons que nous avons développées plus haut pour démontrer que l'autonomie des nations ne saurait comporter l'exécution forcée des actes émanant d'une autorité étrangère : officiers ministériels ou juges, les raisons sont les mêmes et la décision de la loi doit être identique. Aussi l'art. 546 Pr. généralisant la règle posée par l'art. 2123 en matière d'hypothèques, repousse-t-il l'exécution de plein droit des décisions émanant de juges étrangers, sauf la même exception que pour les actes, traités diplomatiques ou lois politiques. Cependant l'art. 2123 est loin de leur refuser tout effet, et de leur appliquer ainsi la règle établie par l'art. 2128 pour les actes. Non, ils ne seront pas exécutoires de plein droit, par la seule autorité du « mandons et ordonnons » de la formule apposée par l'autorité étrangère; mais ils acquerront cette force exécutoire quand un Tribunal Français la leur aura imprimée par son visa, son *exequatur*. C'est là ce qui nous semble ressortir fort clairement des termes nets et précis de l'article, et c'est pour avoir voulu s'écarter du texte, c'est pour avoir tenté de substituer des dispositions surannées ou leurs inspirations personnelles à la volonté formelle du législateur, qu'un grand nombre d'auteurs et la jurisprudence presque tout entière y ont vu autre chose.

Voici, en effet, les jurisconsultes les plus remarquables, des maîtres de la science, qui, en présence de notre texte si explicite, veulent retirer de la poussière du passé une distinction posée par l'art. 121 de l'Ordonnance de 1629, et qui ne tendrait à rien moins qu'à effacer notre disposition dans un nombre considérable de cas. Aux termes de cet article, les jugements rendus en pays étranger étaient exécutoires en France sur simple visa ou *pareatis* lorsqu'ils étaient rendus contre des étrangers; lorsqu'au contraire, c'était contre des Français, nos tribunaux n'avaient plus une simple formalité à remplir, un visa à apposer; ils devaient rouvrir la lice, examiner de nouveau le fond du droit, et appeler les parties à recommencer les débats. Eh bien, c'est cette distinction qu'on veut encore reproduire aujourd'hui. Pour la repousser, il me suffit d'invoquer l'art. 7 de la loi du 30 ventôse an XII, qui abolit toutes les dispositions des ordonnances sur les matières traitées par le Code. N'est-il pas plus qu'évident que le Code Napoléon combiné avec le Code de Procédure contient une théorie complète sur l'exécution des jugements étrangers, et dès-lors est-on encore autorisé à invoquer l'Ordonnance de 1629? On m'objecte que le Code n'a traité que la matière des jugements rendus contre des nationaux, et que, quant aux jugements rendus contre des nationaux, il ne s'en est pas occupé. Je réponds que cette distinction n'existe que dans l'esprit de ceux que je combats, que l'art. 2123, comme 546 Pr., est général et neparle pas plus d'étrangers que de Français, que la théorie du Code s'applique donc indifféremment aux uns et aux autres et que l'art. 121 se trouve ainsi complètement absorbé par cette disposition nouvelle; et nous n'avons certes pas à le regretter.

Serait-il logique, je le demande, que le Français qui en pays étranger a été débouté, pût considérer comme non avenue cette décision, et profitant du bénéfice de l'art 14, intenter une nouvelle action? C'est la conséquence directe de ce système, et pourpartant je doute qu'on trouvât un Tribunal qui ne reconnût dans cette première poursuite une renonciation au bénéfice de cet article? C'est ce que dit formellement la Cour de Paris dans un arrêt du 25 février 1846.

Je passe à un autre système, qui s'écarte d'avantage du mien, mais contre lequel la lutte est plus sérieuse, parce que, du moins, il s'appuie sur le texte et ne remonte pas de deux siècles en arrière pour déterrer une théorie surannée. Suivant la jurisprudence et la grande majorité des auteurs, le Tribunal Français à qui l'on soumet un jugement étranger, n'aurait jamais à remplir le rôle que nous lui avons assigné : Sa mission serait plus élevée ; au lieu de n'avoir qu'un *pareatis* à délivrer, il pourrait tout remettre en question, entendre de nouveau les parties et substituer à la sentence qu'on lui présente, une décision qui émanerait tout entière de lui. On le voit ; à en croire ce système, le Code aurait généralisé et appliqué à tous les cas indistinctement une règle établie par l'Ordonnance en faveur des seuls Français; suivant nous, il n'y aurait qu'à rendre le mouvement à un corps paralysé; suivant nos adversaires, il s'agirait de créer un être tout nouveau.

Je me hâte de présenter les motifs invoqués à l'appui de ce système : 1° Le Code, dit-on, n'a pas imposé aux tribunaux l'obligation de déclarer les jugements étrangers exécutoires et France, sans leur accorder préalablement le droit de les examiner, d'en vérifier le bien jugé aussi bien sous le rapport du fait que sous celui du droit; 2° Une pareille obligation porterait atteinte au droit de souveraineté du Gouvernement, et la preuve que le Code n'a pas entendu l'établir, c'est qu'il exige l'intervention du Tribunal tout entier et non plus seulement celle du Président, comme pour l'*exequatur* des sentences arbitrales; 3° Enfin, du moment que les jugements rendus contre des Français ont été de tout temps sujets à révision, et qu'aujourd'hui il n'y a plus à distinguer entre eux et les décisions rendues contre des étrangers, n'est-il pas évident que les uns et les autres peuvent être réformés par ces tribunaux ? Tels sont les arguments qu'on invoque : il est aisé de remarquer qu'il n'y a là à vrai dire que des considérations générales, l'expression d'une pensée individuelle, mais non un texte clair, net, précis qu'on vient nous opposer pour repousser les termes non moins clairs, nets et précis de l'art. 2123.

Examinons cependant ces considérations, et voyons si elles sont fondées : On invoque le droit d'examen du tribunal; mais nous ne songeons pas à le contester; toute la question est de savoir jusqu'où ce droit peut aller. Certes, nous ne voulons pas faire du tribunal une pure machine, une sorte d'instrument à viser les jugements étrangers; nous lui reconnaissons, au contraire, le droit et l'obligation de bien s'assurer si l'acte qu'on lui présente, est véritablement un jugement, si ce jugement émane des juges compétents, s'il n'est pas susceptible d'un recours qui en doive retarder l'exécution, si enfin cette exécution n'a rien de contraire à l'ordre public et aux bonnes mœurs. Mais ce que nous lui refusons, c'est le droit de commencer par mettre à néant la sentence qui lui est soumise, de considérer comme non avenue la décision des juges étrangers, de renouveler un débat qui a parcouru toutes ses phases et de convertir son autorité de pure surveillance en un véritable droit de réformation. Et quand nous limitons ainsi son pouvoir, ce n'est pas par un caprice de notre volonté ni par une fantaisie de notre imagination, c'est le Code à la main et le texte sous les yeux. *Déclarer exécutoire*, dit la loi, et on nous parle de juger à nouveau et de réformer au besoin; c'est *un jugement étranger* qu'il s'agit de faire exécuter en France, aux termes de l'article ; dans l'autre système, le jugement étranger disparaît, et quand arrive le moment de l'exécution, nous nous trouvons en présence d'un jugement français.

Nos adversaires assimilent l'exécution des jugements et celle des actes reçus par des officiers étrangers: qu'ils jettent les yeux sur l'art. 2128, qu'ils le comparent à 2123, et qu'ils disent si les termes bien différents de la loi autorisent une pareille assimilation.

Si ce système était vrai, il faudrait soumettre l'étranger qui veut obtenir l'exécution du jugement, à l'obligation de fournir la caution *judicatum solvi*. Je ne connais cependant pas d'auteur qui soit disposé à admettre cette conséquence, nécessaire cependant et inévitable.

Qu'importe que la loi exige l'intervention du tribunal tout entier et ne se contente pas, comme pour les sentences arbitrales, de la seule action du président? Peut-on conclure de là que, dans l'espèce, il ne s'agisse plus d'une simple formalié à accomplir, mais d'un nouveau procès à débattre? Mais nous aussi nous disons qu'il ne s'agit pas d'une simple formalité : vérifier la pièce présentée, la traduire dans la langue nationale, s'assurer qu'elle est légale d'après la loi du pays où le jugement a été rendu, constater qu'il est devenu exécutoire d'après cette même loi, reconnaître enfin qu'il n'a rien de contraire à l'ordre public, c'est là une mission complexe et difficile que la loi a eu raison de confier aux lumières collectives du tribunal tout entier et non pas à la raison individuelle d'un de ses membres. C'est ainsi que cette nécessité s'explique tout naturellement sans qu'il faille en déduire des conséquences que rien n'explique ni ne motive.

Enfin dire qu'en l'assimilant à celle des étrangers le Code n'a pu empirer la position des Français, et que c'est, au contraire, celle des étrangers qu'il a nécessairement dû améliorer, ce n'est pas là un raisonnement sérieux : Il n'a pas pu, nous dit-on ; mais pourquoi donc? Cela semble rigoureux, d'accord ; est-ce à dire que cela ne puisse être ? En aucune façon ; qu'on lise le texte de la loi, et on verra : le Code a emprunté à l'Ordonnance la première partie de l'art. 121, mais il n'a pas reproduit la seconde, celle relative à la réformation du jugement ; il a copie tout ce qu'elle contenait sur les jugements rendus contre des étrangers, et il l'a généralisé, étendu à tous; il a laissé de côté ce qu'elle avait de spécial pour les Français, parce qu'il n'en veut plus. Or, qu'on me réponde, était-ce le droit de faire déclarer exécutoire qui existait pour les Français? Non, c'est donc ce droit là, et ce droit là seul qui subsiste encore, et ce sont les Français qui doivent être traités comme jadis les étrangers ; ce ne sont pas les étrangers qui profiteront des faveurs jadis accordées aux Français.

Voilà ce qui ressort nettement du texte, et voilà aussi ce que la raison répond aux considérations plus ou moins philosophiques de nos adversaires.

Si l'on jette les yeux sur la discussion, on voit que ces articles n'ont presque pas été débattus ; n'est-ce pas assez dire qu'ils ne contenaient pas d'innovations importantes, et peut-ou croire qu'ils eussent passé inaperçus s'ils avaient complétement renversé le système de l'ordonnance? Celle-ci , en principe, reconnaissait aux jugements étrangers l'autorité de chose jugée et ne leur refusait que la force exécutoire ; ce n'était que par exception que l'art. 121 leur déniait l'une et l'autre. Eh bien, si le Code n'a fait que rejeter cette exception pour rendre applicable à tous les cas la règle générale de l'ancien Droit, ce silence s'explique; mais je ne le conçois plus en présence d'un bouleversement complet, d'une vraie révolution juridique qui confisquerait la règle existante au profit d'une simple exception. Écoutons d'ailleurs M. Réal, entendons le tribun Favard , et tous deux nous parleront toujours de l'exécution, mais d'elle seule.

Quant à l'autorité de la chose jugée, il n'en. est pas question, et cela est bien naturel : l'indépendance des nations est intéressée à ce que des jugements étrangers ne puissent pas être exécutés chez elles; mais quel danger peuvent-elles courir à reconnaître *de plano* l'autorité de la chose jugée, tant qu'elle ne demandera à produire ses effets que de leur consentement, tant qu'elle se résignera pour ainsi dire, à solliciter d'elles un passeport ? Nous ne sommes plus au temps où la justice de l'étranger devait nécessairement paraître suspecte ; si nous voulons que les décisions de nos tribunaux soient respectées au dehors, commençons par respecter celles des juges étrangers.

C'est ainsi que le système que je propose, concilie en même temps les données de la raison, le texte et la discussion, et pourtant je dois reconnaître qu'il compte fort peu de partisans, que la jurisprudence, après avoir soutenu la première des deux opinions contraires, s'est rangée à la seconde depuis que la Cour Suprême lui a donné l'exemple dans un fameux arrêt du 19 avril 1819, et que Merlin et d'autres auteurs l'ont suivie dans cette voie. Malgré d'aussi graves autorités, malgré tous les efforts que j'ai tentés pour me laisser attirer par leurs raisons, je n'ai pu abandonner mon système : ma conviction n'a même fait que s'accroître et se fortifier dans l'épreuve que je lui ai fait subir, et malgré l'infériorité du nombre, je compte encore sur la bonté de ma cause(1).

En matière de jugements, comme pour les actes étrangers, le Code lève les dispositions restrictives que nous connaissons, au cas où une loi politique ou un traité prononce cette dispense. Une seule loi politique s'occupe de cette question: c'est la loi du 21 avril 1832, sur la navigation du Rhin, qui déclare, dans son article 5, que les jugements prononcés par les juges des droits de navigation du Rhin seront exécutoires sur le territoire français sans nouvelle instruction, dès qu'ils seront passés en force de chose jugée, et qu'à cet effet ils seront rendus exécutoires par le tribunal civil de Strasbourg. En fait de traités, je rap-

(1) Je suis heureux de pouvoir citer ici un arrêt de la Cour de Metz qui rentre entièrement dans mon système : arrêt du 11 novembre 1836 (*Journ. du Palais,* 1837. p. 303).

pelle les deux traitésdéjà cités avec la Suisse et la Sardaigne (1) ;
il faut ajouter celui conclu avec la Russie le 11 janvier 1787 et
renouvelé en 1846. et celui du 16 avril 1856 avec le Grand-
Duché de Bade. D'ailleurs, remarquonsle bien, tous ces traités ne
stipûlentque dans l'intérêt des sujets respectifs des pays entre
lesquels ils sont conclus; et le traité avecla Russie ne vise que les
procès relatifs aux successions qui s'ouvrent dans l'un ou l'autre
pays, art 16.

Sentences arbitrales.

Le Code ne s'en occupe pas spécialement, mais les solutions
que nous avons données à propos des jugements, vont nous servir ici.

On admet généralement que les sentences rendues en pays
étranger par des arbitres volontaires doivent être assimilées aux
contrats passés à l'étranger, et qu'elles ne peuvent en conséquence jamais être rendues exécutoires en France, tandis que
les sentences émanant d'arbitres forcés sont de véritables jugements simplement soumis à la nécessité de l'exequatur.

Je crains bien que cette distinction né soit pas fondée, et je
crois qu'elle n'est que le résultat d'une confusion entre la nature et la source de l'arbitrage. Je ne nie pas l'élément conven-
tionnel dans l'arbitrage volontaire, mais que les arbitres soient
aussi désignés, institués par la volonté des parties, en sont ils
moins des juges ? Ils le sont si bien qu'en France leurs sentences sont partout traitées comme des jugements et produisent
absolument les mêmes effets. Ils le sont si bien qu'il est hors de
doute que les effets des sentences arbitrales sont les mêmes, que
l'arbitrage soit volontaire ou qu'il soit forcé. Nul texte de loi
qui établisse à cet égard l'ombre d'une différence; rien qui nous
oblige à distinguer lorsqu'il s'agit d'arbitrage prononcé en pays
étranger. Prétendre que la désignation des parties donne à leur
sentence le caractère d'un contrat, autant vaudrait dire qu'au
cas d'élection de domicile, la décision rendue par le juge du
domicile élu est aussi un contrat.

(1) Voir le Traité interprétatif conclu entre la France et la Sardaigne, le 9 septembre 1860.

CHAPITRE V.

ÉTRANGERS AUTORISÉS A ÉTABLIR LEUR DOMICILE EN FRANCE.

En nous occupant de la naturalisation, nous avons vu que l'étranger désireux d'acquérir la qualité de Français doit préalablement se soumettre à un stage de dix ans, dont le point de départ est fixé par un acte du Gouvernement. L'étranger ainsi autorisé à établir son domicile en France se trouve placé par l'art. 13 dans une position tout exceptionnelle; il n'est pas encore Français, mais déjà il jouit, comme tout Français, de l'exercice plein et entier de tous les droits civils. C'était là une grande faveur à l'époque où les articles 726 et 912 étaient encore en vigueur : on avait voulu rendre moins dure l'épreuve à laquelle on soumettait les étrangers et diminuer les inconvénients de ce stage, qui souvent entraîne pour eux de graves déchéances dans leur propre pays. Depuis 1819, cette faveur a beaucoup perdu de son importance ; cependant de grandes différences subsistent encore entre l'étranger ordinaire et l'étranger admis à domicile. Ainsi ce dernier échappera à toutes les incapacités qui ont survécu à l'ancien droit d'aubaine et que nous venons de parcourir ; ainsi on ne lui appliquera ni l'art. 14 ni l'art. 16; il profitera donc de la règle *actor sequitur forum rei*; il ne sera pas tenu de la caution *judicatum solvi*; il ne sera pas soumis à la contrainte par corps ni à l'arrestation préalable dans les circonstances qui nous sont connues; il pourra exercer la contrainte par corps contre son débiteur, et jouir du bénéfice de cession. Je n'ignore pas que quelques-uns de ces points sont contestés, et qu'on refuse, par exemple, à l'étranger dont nous parlons, le droit d'exercer la contrainte par corps : on se fonde sur les termes de l'art. 14 de la loi de 1832, où il n'est question que du Français. Ma réponse est facile : cet article parle du cas le plus ordinaire, sans entendre exclure celui que nous proposons; pour repousser cette solution, il faudrait prouver que le droit de faire arrêter son débiteur n'est pas un droit civil : jusqu'à ce qu'on me démontre que c'est un droit politique, ce qu'on ne fera jamais, je maintiens ma solution. Si c'était autre chose qu'un droit civil, le

droit d'échapper à la contrainte par corps devrait subir le même
sort : mais tout le monde voit là un droit civil, tout le monde
l'accorde à l'étranger domicilié ; pourquoi donc lui refuser l'autre, comme s'il n'y avait pas là deux termes corrélatifs d'une
même proposition. La jurisprudence n'est pas uniforme dans
ses décisions ; je découvre en ma faveur un jugement du tribunal de la Seine du 12 septembre 1859 et un arrêt récent de la
Cour de Paris (3e Chambre) du 23 janvier 1858. Ce dernier
arrêt accorde à l'étranger domicilié le droit de faire arrêter provisoirement son débiteur étranger, alors même que la dette eût
été contractée en pays étranger, antérieurement au décret
d'autorisation, ce qui, selon moi, est aller trop loin.

Est-ce à dire que la position de cet étranger sera entièrement
identique à celle du Français ? Nullement. D'abord il n'est pas
appelé à l'exercice des droits politiques ; il est exclu de toutes
les fonctions publiques ; puis, dans le cercle plus restreint des
droits civils, nous voyons que son état et sa capacité restent régis par la loi de son pays ; c'est elle seule qui fixe son statut
personnel. Je ne saurais admettre l'opinion contraire, proposée
par de graves autorités : Nous avons vu que le statut personne
est intimement lié à la personne, qu'il s'attache à elle, se confond avec elle, pour ne la quitter qu'en présence du fait rare et
exceptionnel d'un changement de nationalité. Ce n'est pas de
circonstances d'une réalisation fréquente et d'une obtention assez facile, comme l'autorisation dont nous parlons, que doit
dépendre une modification aussi importante. Le statut personnel
a quelque chose de durable, d'immuable, allais-je dire ; rien
de plus passager et de moins stable que l'autorisation qui peut
être d'un jour à l'autre retirée par le Gouvernement dont elle
émane ; ce n'est pas la volonté d'un seul qui doit pouvoir ravir
à un individu son statut personnel, sa loi personelle, c'est-à-
dire, ce qu'il a de plus propre et de moins variable dans ses
biens.

Voilà donc une première différence ; ajoutons :

2° L'étranger ainsi favorisé n'est pas encore Français. Ses
enfants nés postérieurement à l'autorisation seront donc étrangers ; mais seront-ils du moins dans la même position que leur

père, admis aux priviléges conférés par l'art. 13 ? La loi est muette, mais son esprit est pour l'assimilation complète : «Les en-«fants,» dit Vattel, «suivent la condition de leur père ; par cela « même que l'État a donné à ceux-ci l'habitation perpétuelle, « leur droit passe à leur postérité. » § 213, liv. 1, Droit Public.

3° Les Français ne peuvent perdre leurs droits civils que par une disposition formelle de la loi ou par une décision judiciaire ; les étrangers autorisés peuvent se voir retirer l'autorisation par le Gouvernement : c'est de lui qu'ils la tiennent, c'est par lui qu'ils la conservent, art. 5 de la loi de 1849. De même, ils peuvent être expulsés du territoire par un simple arrêté non motivé du ministre de l'Intérieur, art. 7, sauf au Gouvernement à leur retirer l'autorisation dans les deux mois. Au contraire, les Français ne peuvent être expulsés qu'en vertu de jugements, et, si la loi du 28 février 1858 a dérogé à cette règle, du moins n'a-t-elle qu'un caractère temporaire, ne frappe-t-elle que certaines catégories de personnes, et exige-t-elle le triple concours des autorités administrative, judiciaire et militaire.

4° Les Français jouissent des droits civils tant qu'ils conservent leur nationalité, peu importe qu'ils résident en France ou hors du pays ; au contraire, l'étranger, même domicilié, les perdra s'il quitte le pays, s'il cesse d'y résider habituellement.

Il s'en faut donc que la condition de l'étranger autorisé à fixer son domicile soit entièrement semblable à celle du Français.

A ce propos, demandons nous si l'autorisation du Gouvernement est toujours nécessaire pour que l'étranger, puisse être domicilié en France, ou bien, si pour lui, comme pour le Français, le domicile est au lieu de son principal établissement. Cette question est fort discutée; au fond, il s'agit de bien s'entendre. La question est-elle de savoir si, par sa seule volonté, indépendamment de tout acte du Gouvernement, l'étranger peut acquérir en France un domicile attributif des droits civils, conformément à l'article 13? Oh alors, je n'hésite pas à répondre « Non. » Il ne peut dépendre de ma volonté seule d'obtenir un pareil privilége et de m'élever à la plénitude des droits civils ; une telle prétention ne serait pas soutenable. Du moment que l'étranger est généralement frappé de certaines incapacités, il n'est pas possible qu'il suffise d'un acte de sa volonté pour assimiler sa condition à celle du Français ; l'article 13 en pareil cas exige formellement, et c'est bien naturel, l'autorisation du Gouvernement, une concession du pouvoir, qui examinera le plus ou moins de faveur que mérite l'étranger.

Mais ce n'est que ce cas là qu'envisage l'art. 13, ce n'est que pour l'admission à l'exercice des droits civils que cet article exige l'autorisation du Gouvernement; hors de là, l'article ne s'applique plus et la question reste entière. C'est donc par l'induction que nous pouvons savoir si l'étranger peut, de son seul chef, établir en France son domicile; non pas le domicile exceptionnel de l'art. 13, mais un domicile ordinaire, un domicile qui ne soit attributif d'aucun droit, mais qui fixe uniquement le lieu où s'exerceront les droits dont l'étranger jouit d'habitude. Réduite à ces termes, la question est bien près de ne plus en être une, et en fait les auteurs se trouveront d'accord pour les conséquences, tout en discutant encore sur les mots. Pour moi, je crois que l'étranger peut ainsi acquérir un domicile et que son domicile, comme pour le Français, sera au lieu de son principal établissement, que c'est là uniquement qu'il pourra être assigné, que c'est là qu'il devra contracter mariage, là que se réunira son Conseil de famille; sur tous ces points, on tombera d'accord: seulement les uns diront qu'il y a là un domicile; les autres, une résidence qui, faute de domicile, sera le siége légal de la personne et des droits de l'étranger. Mais je répondrai que, si l'étranger ne saurait avoir de domicile en France, il faut, sous peine de le considérer comme vagabond, lui en reconnaître un dans son pays; dès lors, c'est dans son pays que devront être exercés tous ses droits, et non pas au lieu de sa résidence. C'est là la conséquence logique de ce système, conséquence inadmissible, devant laquelle ses partisans reculent et qui suffit pour le condamner. C'est en vain qu'ils m'objecteront l'art. 102: si cet article ne parle que du Français, rien ne prouve qu'il exclue l'étranger, auquel les rédacteurs ne songeaient en aucune façon. Tout, au contraire, nous fait supposer qu'ils n'entendaient pas l'exclure : Le domicile a toujours été le lieu où une personne est censée se trouver aux yeux de la loi pour l'exercice de ses droits; c'est le lieu de son principal établissement, celui dont on peut dire avec la loi Romaine, qu'elle ne peut le quitter sans qu'on la répute absente, qu'elle ne peut y revenir sans qu'on la dise de retour. (L. 7 au Code *De Incolis*.) Le Droit Romain est sur ce point d'accord avec l'ancien Droit, et quand autrefois l'étranger pouvait acquérir un domicile en France, lui qui était privé de presque tous les autres droits, peut-on raisonnablement supposer que, sous le Code, alors qu'il est relevé d'une grande partie de ses incapacités, il doit subir une déchéance qu'aucun texte ne consacre ? Cela n'est vraiment pas admissible; refuser un domicile à une personne investie de droits civils, c'est là un contre-sens, une contradiction; c'est supposer un droit sans admettre un lieu où il s'exerce, c'est-à-dire, un droit qui se développerait dans le vide. Je repousse donc ce système contraire à tous les précédents et incompatible avec la saine raison, qui heureusement ne se trouve pas consacré par le texte.

CHAPITRE VI.

AGENTS DIPLOMATIQUES.

Nous devons, en finissant, signaler une dernière classe d'étrangers qui se trouvent dans une position particulière. C'est un principe reconnu par le Droit des gens, que les Souverains et leurs agents diplomatiques de tous grades (ambassadeurs, envoyés extraordinaires, ministres et chargés d'affaires), sont censés se trouver toujours sur leur propre territoire et jouissent en conséquence, même à l'étranger, des privilèges de la souveraineté. Cette fiction, connue sous le nom d'exterritorialité, s'étend du chef de mission à tous les fonctionnaires de la Légation, ainsi qu'à sa famille, et même, sauf controverse, à toutes les personnes de sa suite; mais elle ne s'applique que dans le pays où il est accrédité, et non dans tous ceux qu'il traverse.

En vertu de cette prérogative, tous ceux qui en jouissent, sont dispensés de suivre, pour la confection des actes, les formes usitées dans le pays. De même, ils ne peuvent être traduits devant les tribunaux ni soumis à aucun acte d'exécution, contrainte par corps, saisie ou autre. L'agent diplomatique est censé se trouver dans son propre pays : c'est là qu'il conserve son domicile, et c'est là que se trouve aussi le juge compétent dans les contestations où il pourra être intéressé ; on n'admet d'exception que :

1° Lorsqu'il est actionné en paiement des frais auxquels il a été condamné par suite du rejet d'une demande par lui intentée.

2° Lorsque son adversaire, condamné en première instance, se pourvoit en appel ; .

3° Lorsqu'il s'agit d'une demande reconventionnelle opposée à une demande formée par lui ;

4° Lorsque la contestation est relative à des immeubles, en vertu du grand principe de l'art. 3.

Mais rien de tout cela ne s'applique aux consuls et agents consulaires, qui ne représentent pas directement le souverain, à moins toutefois qu'ils n'aient été investis d'une mission diplomatique spéciale. C'est ce que dit expressément la formule de l'exequatur : les consuls seront traités absolument comme tous autres étrangers, et même contraignables par corps, lorsque des traités n'auront pas stipulé le contraire.

POSITIONS

DROIT ROMAIN.

I. La loi *Ælia Sentia* est antérieure à la loi *Junia Norbana*.

II. Le texte du § 12 des fragments d'Ulpien (titre 1) est évidemment corrompu.

III. L'adoption formait un mode non solennel d'affranchissement.

IV. L'action noxale n'était pas une action arbitraire.

V. L'affranchi était tenu *naturellement* des engagements contractés durant l'esclavage.

VI. Pour que l'obligation *litteris* se formât, il n'était pas nécessaire que le débiteur mentionnât l'engagement sur son registre.

VII. La loi 16 *de Condictione causa data* est inconciliable avec la loi 5, § 1, *de præscriptis verbis*.

VIII. La *justa causa* et la *bona fides* exigées pour l'usucapion ne doivent pas être confondues.

DROIT FRANÇAIS.

I. DROIT CIVIL.

I. L'enfant né à l'étranger d'une Française devenue étrangère par son mariage, peut à toute époque réclamer la qualité de Français, en vertu de l'article 10, § 2, C. N.

II. L'étranger divorcé conformément aux lois de son pays peut contracter mariage en France.

III. L'étranger peut, sans l'autorisation du Gouvernement, acquérir un domicile légal en France.

IV. Les étrangers jouissent chez nous de tous les droits civils qui ne leur sont pas formellement refusés par les lois et les traités.

V. L'article 2 de la loi du 14 juillet 1819 s'applique même aux meubles trouvés dans la succession qui s'ouvre au profit d'héritiers Français et étrangers.

VI. L'étranger peut être tuteur d'un Français.

VII. Le Français cessionnaire d'une créance non transmissible par la voie de l'endossement peut invoquer contre son débiteur étranger la disposition de l'art. 14. C. N.; mais il 'a pas le droit d'exercer contre lui la contrainte par corps.

VIII. La possession d'état prouve la filiation naturelle tant à l'égard de la mère qu'à l'égard du père.

IX. Nul ne peut être astreint, à raison de sa croyance religieuse, à suivre des formes spéciales pour la prestation de serment.

X. La présomption de remise de la dette que l'article 1283 déduit de la remise de la grosse, ne concerne pas la remise des grosses de jugements.

II. PROCÉDURE CIVILE.

I. L'exception de caution doit être proposée avant celles d'incompétence et de nullité.

II. Les tribunaux Français ne peuvent pas se refuser à

juger un procès pendant entre deux étrangers, à moins qu'il ne s'agisse d'une question d'état.

III. Les tribunaux Français à qui on demande l'exécution de jugements émanant de tribunaux étrangers, n'ont pas le droit d'en examiner le mérite intrinsèque, peu importe la nationalité des parties intéssées.

III. DROIT COMMERCIAL.

I. L'achat d'immeubles destinés à être revendus dans un but de spéculation constitue un acte de commerce.

II. L'article 12 de la loi du 13-16 décembre 1848, relative à la contrainte par corps, s'applique aux dettes commerciales comme aux dettes civiles des étrangers.

IV. DROIT CRIMINEL.

I. La résistance à un acte illégal ne constitue pas la rébellion punie par l'art. 209 du Code Pénal.

II. L'étranger qui se porte partie civile, est tenu de fournir caution.

V. DROIT ADMINISTRATIF.

I. L'étranger qui ne possède pas en France d'établissement d'industrie et de commerce, et qui ne peut par conséquent pas bénéficier des dispositions de la loi du 23 juin 1857, relative aux marques de fabrique, n'en peut pas moins demander la réparation civile du préjudice qui lui est causé.

II. L'étranger qui a obtenu un brevet en France, n'est pas dispensé de fournir caution lorsqu'il agit pour la protection de son droit devant un tribunal correctionnel ou civil.

VI. DROIT DES GENS.

I. Les agents diplomatiques peuvent renoncer au bénéfice de l'immunité de juridiction en matière civile.

II. L'usage des prises doit, comme la course, être rayé du Code des nations.

VII. HISTOIRE DU DROIT.

I. Sous la monarchie franque, on n'avait pas le droit de choisir la loi sous laquelle on voulait vivre.

II. C'est dans les lois barbares qu'il faut chercher l'origine du droit d'aubaine.

Vu par le président de la thèse,
MACHELARD.

Vu par le doyen de la Faculté,
C. A. PELLAT.

Permis d'imprimer.
Le Vice-Recteur
ARTAUD.